漢字のふく習 1。

漢字(かん)の広場

新しくつかう、三年の教科書でふく習

答え 101ページ

月　日

1 漢字の読みがなを書きましょう。 18点（一つ2）

① むずかしい本を 読（　）む。

② 風（　）がふく。

③ 顔（　）を見合わせる。

④ 魚（　）を見つける。

⑤ 姉（　）と出かける。

⑥ 星（　）がかがやく。

⑦ 馬（　）に乗(の)る。

⑧ くじが 当（　）たる。

⑨ 小鳥（　）がないている。

2 あてはまる漢字を書きましょう。 32点（一つ4）

① □□（しんゆう）と遊(あそ)ぶ。

② □□（きしゃ）に乗る。

③ □（もん）を開(あ)ける。

④ □□（こうえん）に行く。

⑤ □□（なつやす）みになる。

⑥ □（よる）になる。

⑦ □（あき）まで待(ま)つ。

⑧ びょうきに〔　　（つよい）　　〕。

3 漢字の読みがなを書きましょう。

18点（一つ2）

① 画用紙（　）をおる。

② 理科（　）のじっけん。

③ 直線（　）を引く。

④ 来週（　）の予定を立てる。

⑤ 新聞（　）を読む。

⑥ 戸（　）をしめる。

⑦ 地図（　）を見て進む。

⑧ 鳥が 鳴（　）いている。

⑨ 東西南北（　）をたしかめる。

4 あてはまる漢字を書きましょう。

32点（一つ4）

① □（く）み合わせて作る。

② □□（じかん）を守る。

③ □□（こくご）の宿題。

④ 一日の □□（せいかつ）。

⑤ □□（すいよう）日になる。

⑥ お□（にく）を食べる。

⑦ □□（ちかみち）をさがす。

⑧ おかしを〔　　（かう）　　〕。

きほんのドリル 2。

白い花びら (1)

時間 15分
合かく80点
/100
答え 101ページ

月　日

教科書 上 14〜31ページ

書いておぼえよう！

開（教 16ページ）
カイ／ひらく・ひらける・あく・あける
12画　開開開開開開開開開開開開
開く（ひらく）　開く（あく）　開ける（あける）　開門（かいもん）
もんがまえ

返（教 16ページ）
ヘン／かえす・かえる
7画　返返返返返返返
本を返す（ほんをかえす）　返る（かえる）　返事（へんじ）
しんにょう（しんにゅう）

事（教 17ページ）
ジ／こと
出す
8画　事事事事事事事事
仕事（しごと）　物事（ものごと）　火事（かじ）　事物（じぶつ）
はねぼう

動（教 17ページ）
ドウ／うごく・うごかす
はねる
11画　動動動動動動動動動動動
手が動く（てがうごく）　足を動かす（あしをうごかす）　動物（どうぶつ）
ちから

物（教 17ページ）
ブツ・モツ／もの
はねる
8画　物物物物物物物物
物語（ものがたり）　物事（ものごと）　品物（しなもの）　物体（ぶったい）　作物（さくもつ）
うしへん

1 読みがなを書きましょう。
36点（一つ6）

① 口を 開く。（　）
② 急（きゅう）に ふり 返る。（　）
③ 返事 を する。（　）
④ ふしぎな 事 が 起（お）こる。（　）
⑤ 動物 の ような 岩。（　）
⑥ おもしろい 物語。（　）

三年の漢字（かんじ）の学習（がくしゅう）が始（はじ）まるよ。

← うらのページにつづくよ！

2 あてはまる漢字(かん)を書きましょう。

64点（一つ8）

① ［かい／もん］の時間になる。

② まどを［あ］けて空気を入れる。

③ かりていた本を［かえ］す。

④ 大きな声で［へん／じ］をする。

⑤ ［もの／ごと］をむずかしく考える。

⑥ ［か／じ］を知らせるサイレンが鳴る。

⑦ ［うご］くものを目で追(お)う。

⑧ 身(み)近な［さく／もつ］について調(しら)べる。

ヒント ２ ③④「辶」は三画で書きます。

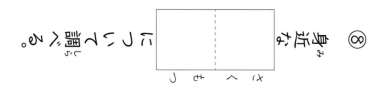

きほんのドリル 3。

白い花びら (2)

時間 15分
合かく80点 /100
答え 101ページ
月 日

書いておぼえよう！

乗 (教17ページ)
ジョウ／の（る）・の（せる）
9画 乗乗乗乗乗乗乗乗乗
電車(でんしゃ)に乗(の)る　乗(の)せる　乗車(じょうしゃ)
はらいぼう

登 (教18ページ)
トウ・ト／のぼ（る）
12画 登登登登登登登登登登登登
山(やま)に登(のぼ)る　登校(とうこう)　登山(とざん)
はつがしら

主 (教18ページ)
シュ／ぬし・おも
5画 主主主主主
家主(やぬし)　主(おも)な人(ひと)びと　主人公(しゅじんこう)
てん

橋 (教30ページ)
キョウ／はし
16画 橋橋橋橋橋橋橋橋橋橋橋橋橋橋橋橋
橋(はし)をわたる　つり橋(ばし)　歩道橋(ほどうきょう)
きへん

岸 (教30ページ)
ガン／きし
8画 岸岸岸岸岸岸岸岸
川岸(かわぎし)　向(む)こう岸(ぎし)　海岸(かいがん)　対岸(たいがん)
やま

読んでおぼえよう！

●…とくべつな読み方をする漢字(かんじ)

今日(きょう) (教25ページ)

1 読みがなを書きましょう。 20点(一つ4)

① ひこうきに 乗（　）る。
② 高い山に 登（　）る。
③ まんがの 主人公（　）。
④ 大きな 橋（　）をわたる。
⑤ 川岸（　）で遊(あそ)ぶ。

うらのページにつづくよ！

❷ あてはまる漢字(かん)を書きましょう。

80点(一つ10)

① 夜行バスに［じょうしゃ］する。

② ［とざん］のじゅんびをする。

③ 夏休みの［とうこうび］。

④ 大きなマンションの［やぬし］。

⑤ ［おも］な意見(い)をまとめる。

⑥ ［きょう］は遠足だ。

⑦ ［ほどうきょう］をわたる。

⑧ ［かいがん］にそって歩く。

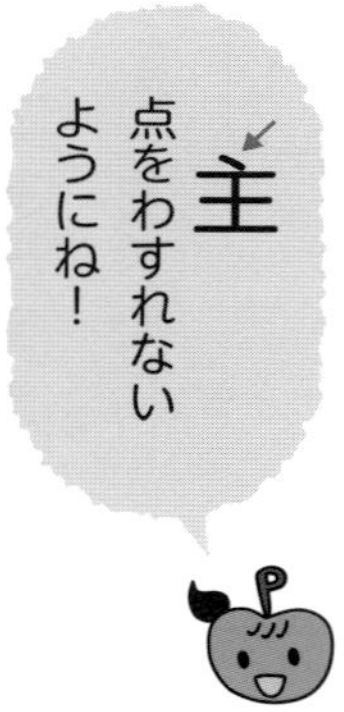

ヒント ❷ ③「とうこう」のはんたいは「下校」です。

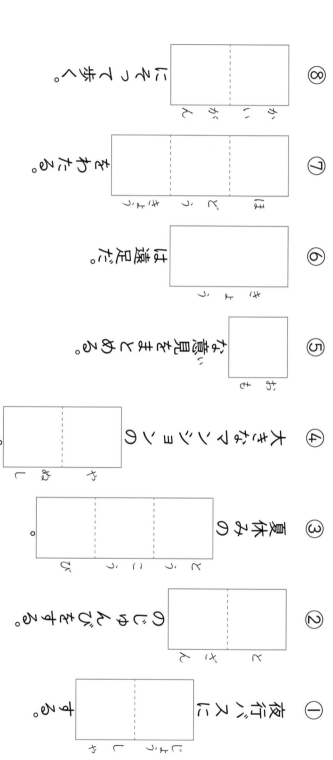

きほんのドリル 4。

「発見ノート」(1)

時間 15分　合かく80点　/100　答え101ページ　月　日

書いておぼえよう！

教32ページ
発（ハツ）はねる
9画　発発発発発発発発発
発明（はつめい）　発見（はっけん）　発行（はっこう）　開発（かいはつ）
発（はつがしら）

教32ページ
予（ヨ）小さく→
4画　予予予予
予定（よてい）　予約（よやく）　予算（よさん）　予行（よこう）
予（はねぼう）

教32ページ
想（ソウ）
13画　想想想想想想想想想想想想想
予想（よそう）　感想（かんそう）　回想（かいそう）　空想（くうそう）　想定（そうてい）
想（こころ）

教32ページ
調（チョウ・しらべる）
15画　調調調調調調調調調調調調調調調
字（じ）を調（しら）べる　調和（ちょうわ）　調子（ちょうし）
調（ごんべん）

教33ページ
葉（ヨウ・は）
12画　葉葉葉葉葉葉葉葉葉葉葉葉
さくらの葉（は）　言葉（ことば）　かれ葉（は）　子葉（しよう）
葉（くさかんむり）

1 読みがなを書きましょう。　36点（一つ6）

① 新しい 発見。（　）
② 天気を 予想 する。（　）
③ 図書館（かん）で 調 べる。（　）
④ 調子 を上げる。（　）
⑤ むずかしい 言葉。（　）
⑥ ヒマワリの 子葉。（　）

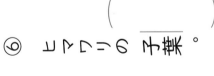

想
「心」にかんけいする言葉です。

うらのページにつづくよ！

❷ あてはまる漢字を書きましょう。

64点（一つ8）

① 電話を［はつめい］□□したのはベルだ。

② パスポートを［はっこう］□□する。

③ 日曜日の［よ］□定をたずねる。

④ ［そう］□定していなかった答えが出る。

⑤ ［しら］□べたことをほうこくする。

⑥ 今日は、のどの［ちょうし］□□がよい。

⑦ かれ［は］□をふんで歩く。

⑧ アサガオの［しよう］□□が出る。

相と想
同じ読み方の漢字に注意しよう。

ヒント ❷ ①②「発」の上の部分の形に注意しましょう。

きほんのドリル 5。

「発見ノート」(2)
国語辞典(じてん)のつかい方 (1)

時間 15分
合かく80点
/100
答え 101ページ
サクッとこたえあわせ
月　日

1 読みがなを書きましょう。 36点(一つ6)

① たいどで表す。（　　）
② 表紙をつける。（　　）
③ 理由をたずねる。（　　）
④ 体温をはかる。（　　）
⑤ 漢字で名前を書く。（　　）
⑥ 出かける用意をする。（　　）

書いておぼえよう！

表（教 33ページ）ヒョウ／おもて・あらわす・あらわれる　8画
表 表 表 表 表 表 表 表
表とうら　表す（あらわ）　表面（ひょうめん）

由（教 33ページ）ユ・ユウ　5画（出ない）
由 由 由 由 由
由来（ゆらい）　理由（りゆう）　自由（じゆう）

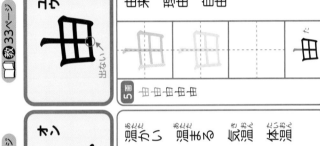

温（教 33ページ）オン／あたたか・あたたかい・あたたまる・あたためる　12画
温 温 温 温 温 温 温 温 温 温 温 温
温かい（あたた）　温まる（あたた）　気温（きおん）　体温（たいおん）

漢（教 34ページ）カン　13画
漢 漢 漢 漢 漢 漢 漢 漢 漢 漢 漢 漢 漢
漢字（かんじ）　漢語（かんご）　悪漢（あっかん）

意（教 34ページ）イ　13画
意 意 意 意 意 意 意 意 意 意 意 意 意
意見（いけん）　用意（ようい）　注意（ちゅうい）

温 ←1本 2本
線の数に注意（ちゅうい）！

うらのページにつづくよ！

教科書 上32〜37ページ

2 あてはまる漢字を書きましょう。

64点（一つ8）

①（おもて）□ 向きにトランプをならべる。

②よろこびを顔に（あらわ）□ す。

③（じゆう）□□ に歩き回る。

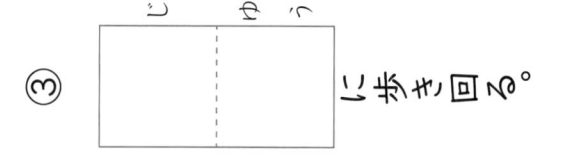

④言葉の（ゆらい）□□ をたずねる。

⑤（きおん）□□ をたしかめる。

⑥（あたた）□ かいおもてなしを受ける。

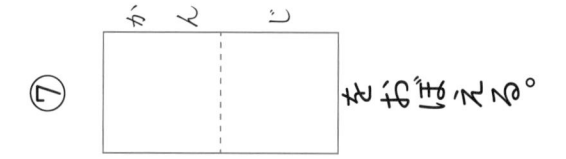

⑦（かんじ）□□ をおぼえる。

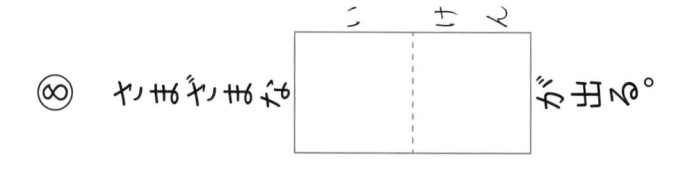

⑧さまざまな（いけん）□□ が出る。

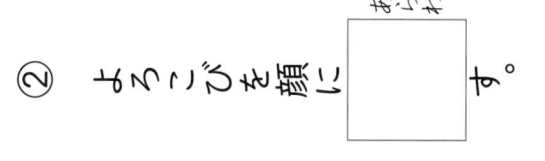

②のおくりがなを「わす」としないようにね！

ヒント 2 ③④「由」には「ユ」と「ユウ」という読み方があります。

きほんのドリル 6。

国語辞典（じてん）のつかい方 (2)

時間 15分　合かく80点　／100

答え 101ページ

月　日

書いておぼえよう！

教 34ページ
味 ミ　あじ・あじわう
8画　味味味味味味味味
（くちへん）
味見（あじみ）　味わう（あじわう）　味方（みかた）　意味（いみ）

教 36ページ
号 ゴウ　（つき出ない）
5画　号号号号号
（くち）
記号（きごう）　番号（ばんごう）　号令（ごうれい）

教 37ページ
重 ジュウ・チョウ　え・おもい・かさねる・かさなる
9画　重重重重重重重重重
（さと）
重い（おもい）　重ねる（かさねる）　体重（たいじゅう）　重力（じゅうりょく）　重複（ちょうふく）

教 37ページ
問 モン　とう・とい・とん　（はねる）
11画　問問問問問問問問問問問
（くち）
考え（かんがえ）を問う（とう）　問屋（とんや）　問題（もんだい）

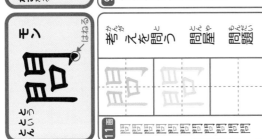

1 読みがなを書きましょう。
36点（一つ6）

① 意味（　　）がわかる。

② 味（　　）つけがこい。

③ 記号（　　）をえらぶ。

④ にもつが重（　　）い。

⑤ 体重（　　）をはかる。

⑥ 理由を問（　　）う。

「重」にはいろいろな読み方があるね。

うらのページにつづくよ！

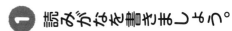

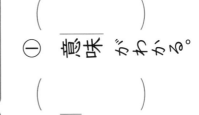

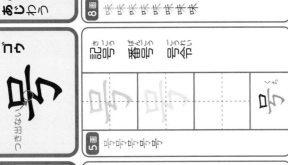

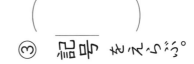

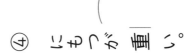

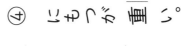

2 あてはまる漢字を書きましょう。

64点（一つ8）

① じっくりとしたで［あじ］わう。

② 夕食の［あじみ］をする。

③ ［ばんごう］のじゅんにならべる。

④ ［ちょう］複（ふく）して申（もう）しこみをする。

⑤ 紙を［かさ］ねる。

⑥ ［じゅうりょく］にさからう。

⑦ やさしい［もん］題（だい）。

⑧ 考えを［と］う。

ヒント ❷ ①②「味」の「未」を「木」としないようにしましょう。

まとめのドリル 7

白い花びら～ 国語辞典(じてん)のつかい方

時間 20分
合かく80点
/100
答え 101ページ
月　日

1 漢字の読みがなを書きましょう。　52点(一つ4)

① セーターを 重( )ねてきると、体が 温( )まる。

② アサガオの 子葉( ) について 調( )べる。

③ 乗用車( ) で家を 出発( ) する。

④ 毎年二月に近くの雪山に 登山( ) する。

⑤ 動物園( ) に行ってゾウを見る。

⑥ 山に 登( )るために 体調( ) をととのえる。

⑦ 大きな声で 返事( ) をする。

⑧ 主人公( ) の気持(も)ちを考える。

⑨ 海岸( ) ぞいをみんなで歩く。

教科書 上14～37ページ

← うらのページにつづくよ！

2 あてはまる漢字を書きましょう。〔　〕には漢字とひらがなを書きましょう。

48点（一つ4）

① ドアが風もないのに〔　　(ひらく)　　〕。

② おくれてきた□□(りゆう)を話してあやまる。

③ □□(おんすい)プールで冬でもおよぐことができる。

④ □□(ようそう)より□(は)っぱが大きくそだつ。

⑤ ピアノの□□□(はっぴょうかい)にさんかする。

⑥ □□(かんじ)の持(も)つ□□(いみ)を形から考える。

⑦ □(はし)をわたって川の向(む)こうがわに行く。

⑧ □(もん)題(だい)の答えを□□(きごう)で書く。

⑨ 大すきな電車に〔　　(のる)　　〕。

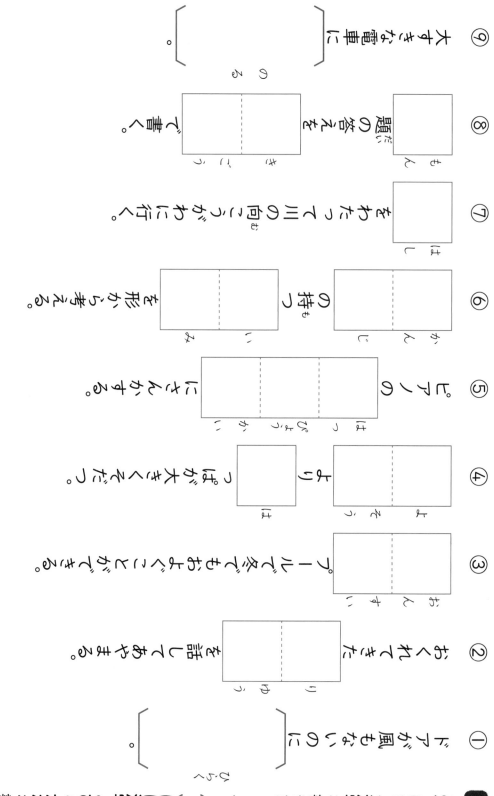

わたしのたからもの 漢字学習ノート(1)

時間 15分
合かく80点
/100

答え101ページ

月　日

書いておぼえよう！

教38ページ
練　レン　ねる
•とめる
14画
練習（れんしゅう）　考（かんが）えを練（ね）る
練（いとへん）

教38ページ
習　シュウ　ならう
むきにちゅうい！
11画
絵（え）を習（なら）う　学習（がくしゅう）　自習（じしゅう）
習（はね）

教42ページ
感　カン
わすれない
13画
感心（かんしん）　感動（かんどう）　感想（かんそう）　感（かん）じる
感（こころ）

教42ページ
運　ウン　はこぶ
12画
運動（うんどう）　物（もの）を運（はこ）ぶ　運送（うんそう）
運（しんにょう・しんにゅう）

教42ページ
転　テン　ころがる　ころげる　ころがす・ころぶ
11画
動転（どうてん）　転（ころ）がる　転（ころ）がす　転校（てんこう）
転（くるまへん）

1 読みがなを書きましょう。
36点（一つ6）

① テニスの 練習（　　）。
② 計画を 練（　　）る。
③ 感（　　）じたことを書く。
④ はげしい 運動（　　）。
⑤ 気が 動転（　　）する。
⑥ ボールを 転（　　）がす。

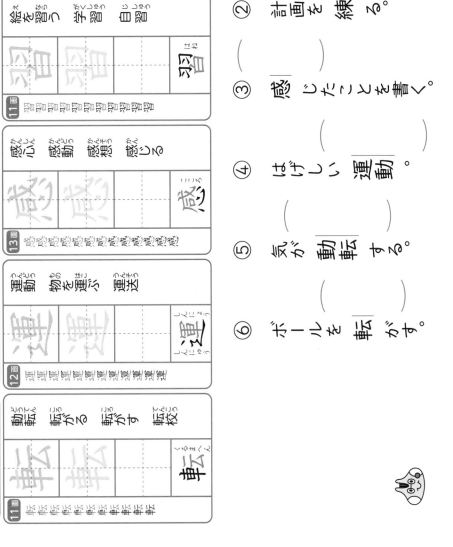

うらのページにつづくよ！

2 あてはまる漢字を書きましょう。

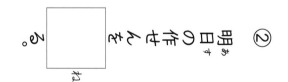

64点（一つ8）

① ピアノの［れんしゅう］をする。

② 明日（あす）の作せんを［ね］る。

③ 三さいからダンスを［なら］う。

④ くり返し［がくしゅう］をする。

⑤ 本を読んだ［かんそう］をのべる。

⑥ 自分の部屋（へや）につくえを［はこ］ぶ。

⑦ ボールが坂道（さかみち）を［ころ］がる。

⑧ ［てんこう］する友だちを送（おく）る。

「習」は「白」を「日」にしないようにね。

ヒント 2 ⑤「感」は「口」の上の横（よこ）ぼうをわすれないようにしましょう。

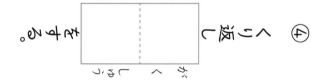

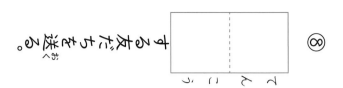

きほんのドリル 9。

漢字学習ノート (2)
うめぼしのはたらき

時間 15分　合かく80点　/100　答え 101ページ　月　日

書いておぼえよう！

教 43ページ	教 46ページ	教 46ページ	教 46ページ
集 シュウ あつまる あつめる	実 ジツ み みのる（はらう）	消 ショウ きえる けす（まっすぐ）	化 カ ばける ばかす
12画 集集集集集集集集集集集集	8画 実実実実実実実実	10画 消消消消消消消消消消	4画 化化化化
集（ふるとり）	実（うかんむり）	消（さんずい）	化（ひ）
集(あつ)まる　集(あつ)める　集合(しゅうごう)　集会(しゅうかい)	木(こ)の実(み)　ももが実(みの)る　実力(じつりょく)	火(ひ)が消(き)える　消(け)す　消化(しょうか)　消火(しょうか)	化(ば)け物(もの)　化(ば)かす　化学(かがく)　文化(ぶんか)

1 読みがなを書きましょう。 36点(一つ6)

① プリントを 集 める。（　　）

② 集合 する場所(しょ)。（　　）

③ 赤い 実 がなる。（　　）

④ 消化 のはたらき。（　　）

⑤ 火が 消 える。（　　）

⑥ たぬきが 化 かす。（　　）

← うらのページにつづくよ！

教科書 上 42〜47ページ

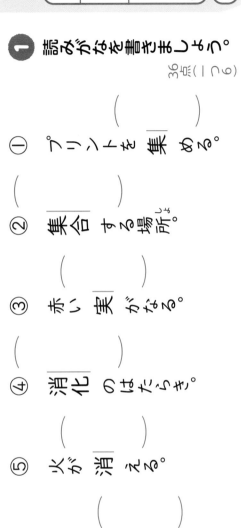

2 あてはまる漢字を書きましょう。

64点（一つ8）

① グラウンドに三年生が□（あつ）まる。

② 学年の□□（しゅうかい）が行われる。

③ 人気と□□（じつりょく）をかねそなえる。

④ 長年の苦（く）ろうが□（みの）る。

⑤ □□（しょうか）せんの使（つか）い方を教わる。

⑥ 答えを□（け）して書き直す。

⑦ きつねに□（ば）かされる。

⑧ 日本の□□（ぶんか）を子どもにつたえる。

ヒント ２ ⑤⑥「消」の「肖」の上の部分（ぶ）を「⺍」としないようにしましょう。

きほんのドリル 10。 めだか (1)

時間 15分　合かく80点　/100

答え 101ページ

月　日

書いておぼえよう！

教 48ページ
面　メン
9画　面面面面面面面面面
水面（すいめん）　面会（めんかい）　方面（ほうめん）　面積（めんせき）
面（めん）

教 49ページ
泳　エイ　およぐ　（まげる）
8画　泳泳泳泳泳泳泳泳
海で泳ぐ（うみでおよぐ）　平泳ぎ（ひらおよぎ）　水泳（すいえい）
泳（さんずい）

教 50ページ
身　シン　み　（出ない）
7画　身身身身身身身
身近（みぢか）　身元（みもと）　身体（しんたい）　全身（ぜんしん）
身（み）

教 50ページ
守　シュ　ス　まもる　（はねる）
6画　守守守守守守
守る（まもる）　守り（まもり）　守備（しゅび）　留守（るす）
守（うかんむり）

教 50ページ
第　ダイ　（はねる）
11画　第第第第第第第第第第第
第一（だいいち）　第三者（だいさんしゃ）
第（たけかんむり）

1 読みがなを書きましょう。 36点（一つ6）

① 水面から顔を出す。（　　）
② 海で泳ぐ。（　　）
③ 水泳の練習。（　　）
④ 身の回り。（　　）
⑤ 守りをかためる。（　　）
⑥ 第一の問い。（　　）

「泳」は「永」を「氷」にしないようにね。

うらのページにつづくよ！

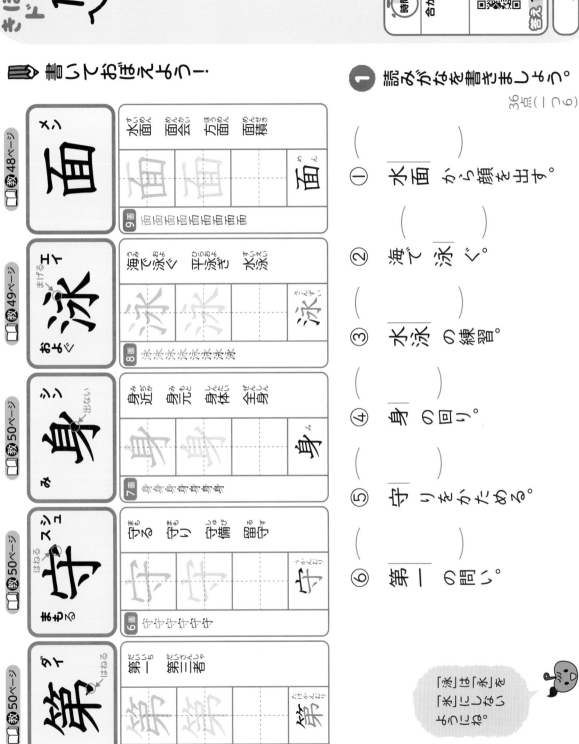

2 あてはまる漢字を書きましょう。

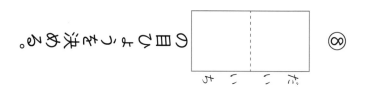

64点（一つ8）

① ［すいめん］に木の葉がうかぶ。

② 白鳥がゆうがに［およ］ぐ。

③ ［みぢか］な問題（だい）について考える。

④ ［しんたい］そく定（てい）をする。

⑤ 決（き）められたルールを［まも］る。

⑥ ［しゅ］備（び）をかためる。

⑦ 旅行（りょ）で家を留（る）［す］にする。

⑧ ［だいいち］の目ひょうを決める。

「身」も「体」も「からだ」のことです。

ヒント 2 ⑧「第」の筆順（ひつじゅん）に注意（ちゅう）しましょう。

きほんのドリル 11. めだか (2)

時間 15分　合かく80点　／100
答え 101ページ
月　日

書いておぼえよう！

次（教52ページ）　ジ　つぐ　つぎ　6画　はらう
次次次次次次
次（あくび・かける）
次いで（つ）　次の文（つぎ・ぶん）　次回（じかい）　目次（もくじ）

死（教52ページ）　シ　しぬ　6画　はねる
死死死死死死
死（かばねへん・いちたへん）
病気で死ぬ（びょうき・し）　死守（ししゅ）　生死（せいし）

度（教52ページ）　ド　9画
度度度度度度度度度
度（まだれ）
角度（かくど）　今度（こんど）　温度（おんど）

流（教52ページ）　リュウ　ながれる　ながす　10画　はねる
流流流流流流流流流流
流（さんずい）
流れる（なが）　流す（なが）　流木（りゅうぼく）　流行（りゅうこう）

研（教56ページ）　ケン　9画　長く
研研研研研研研研研
研（いしへん）
研究（けんきゅう）　研修（けんしゅう）

1 読みがなを書きましょう。　36点（一つ6）

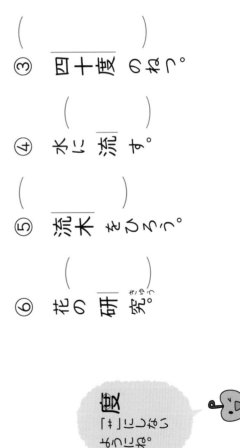

① 次（　　）の電車が来る。
② 魚が死（　　）ぬ。
③ 四十度（　　）のねつ。
④ 水に流（　　）す。
⑤ 流木（　　）をひろう。
⑥ 花の研（　　）究（きゅう）。

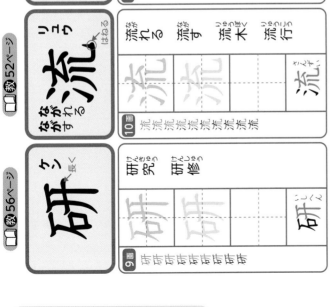

度　「艹」にしないようにね。

うらのページにつづくよ！

2 あてはまる漢字を書きましょう。

64点（一つ8）

① ［じかい］の楽しみにとっておく。

② しょうに［つ］ぐ実力の持（も）ち主。

③ ［せいし］を分ける決（けっ）だん。

④ トップを［しゅし］する。

⑤ 部屋（へや）の［おんど］が下がる。

⑥ ［なが］れ星にねがいごとをする。

⑦ インフルエンザが［りゅうこう］する。

⑧ コウモリの［けん］究（きゅう）をする。

「しじゅ」は「いっしょうけんめい守る」という意味です。

ヒント ２ ①②「次」は「氵」ではなく「冫」です。

めだか 本をさがそう (3)

時間 15分　合かく80点　／100

答え 102ページ

月　日

書いておぼえよう！

教 56ページ

究　キュウ（はねる）　7画
研究（けんきゅう）　究明（きゅうめい）　追究（ついきゅう）
究（あなかんむり）
究究究究究究究

教 56ページ

秒　ビョウ（長く）　9画
五秒（ごびょう）　秒速（びょうそく）　毎秒（まいびょう）
秒（のぎへん）
秒秒秒秒秒秒秒秒秒

教 56ページ

昭　ショウ（出ない）　9画
昭和の時代（しょうわのじだい）
昭（ひへん）
昭昭昭昭昭昭昭昭昭

教 56ページ

和　ワ　8画
平和（へいわ）　和服（わふく）　和食（わしょく）
和（くち）
和和和和和和和和

教 58ページ

館　カン　やかた　16画
古い館（ふるいやかた）　図書館（としょかん）　館長（かんちょう）　開館（かいかん）
館（しょくへん）
館館館館館館館館館館館館館館館館

1 読みがなを書きましょう。　36点（一つ6）

① 真実（しん）を 究明（　　） する。
② 十秒（　　） たつ。
③ 昭和（　　） の出来事。
④ 和食（　　） をいただく。
⑤ 図書館（　　） の本。
⑥ 広い 館（　　）。

「昭」の「刀」を「力」にしないようにね。

うらのページにつづくよ！

教科書 上 48～61ページ

❷ あてはまる漢字を書きましょう。

64点（一つ8）

① 水の□□(けんきゅう)をする。

② 真理を追□(きゅう)する。

③ □□(じゅうびょう)数える。

④ □□(しょうわ)生まれの父。

⑤ □(わ)服を着た女の人。

⑥ 世界の平□(わ)をねがう。

⑦ □□(かいかん)の時間をたずねる。

⑧ □(やかた)の主人に会う。

「和」には「日本」という意味があります。

ヒント ❷ ⑦⑧「館」の「官」を「宮」としないようにしましょう。

まとめのドリル 13 わたしのたからもの〜本をさがそう

時間 20分
合かく80点
／100
答え 102ページ
月　日

1 漢字の読みがなを書きましょう。

52点（一つ4）

① 死後 の世界について書かれた本。

② りんごの 実 が 地面 に落ちる。

③ 消化 のはたらきについて 研究 する。

④ 明るい音楽が 流 れる。

⑤ 美しい夕日に 感動 する。

⑥ プールのはしまで 三十秒 で 泳 ぐ。

⑦ 大きな 館 の前で 集合 する。

⑧ 本の 目次 を見直す。

⑨ エレベーターでにもつを 運 ぶ。

教科書 上38〜61ページ

うらのページにつづくよ！

2 あてはまる漢字を書きましょう。〔　〕には漢字とひらがなを書きましょう。

48点（一つ4）

① エアコンで部屋（へや）の［おんど］を下げる。

② ［しょうわ］時代（だい）のくらしについて調べる。

③ 事けんの［だいいち］発見者（しゃ）に話を聞く。

④ とっさに［み］を〔まもる〕動きをする。

⑤ わたしは［すいえい］がとく意だ。

⑥ ［つぎ］の日になれば、気分がかわるだろう。

⑦ 自てん車の［うんてん］の［れんしゅう］をする。

⑧ ［としょかん］でかりた本の［かんそうぶん］を書く。

⑨ 友だちのサッカーの［じつりょく］におどろく。

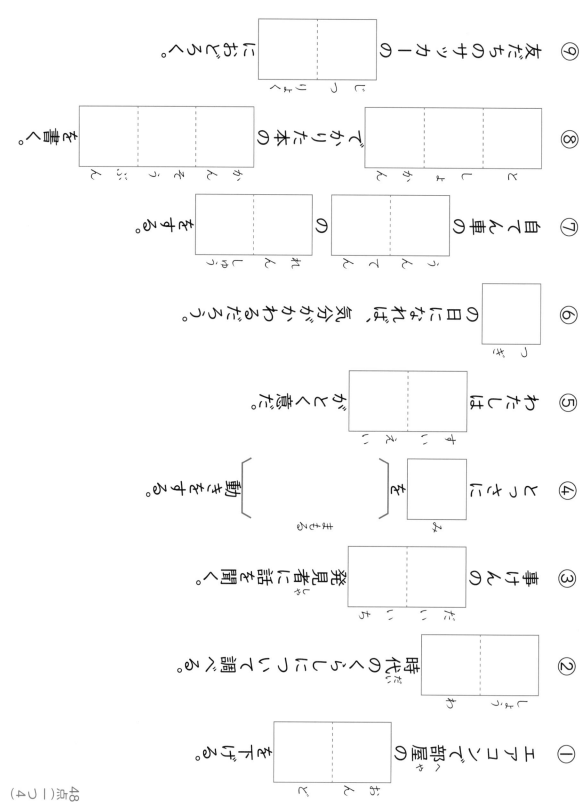

きほんのドリル 14。

クラスの「生き物ブック」

時間 15分
合かく80点
/100
答え 102ページ
月　日

書いておぼえよう！

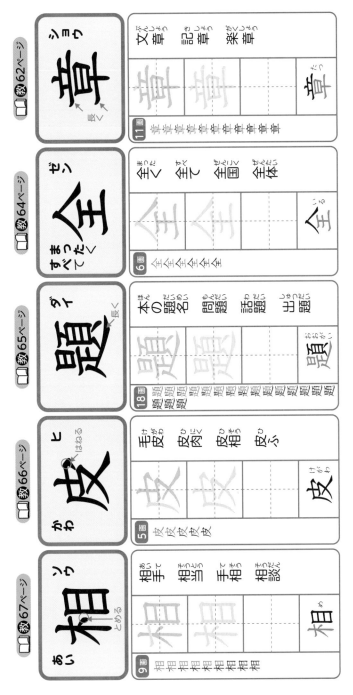

教 62ページ
章 ショウ
長く
11画 章章章章章章章章章章章
文章（ぶんしょう）　記章（きしょう）　楽章（がくしょう）
章（たつ）

教 64ページ
全 ゼン　まった(く)　すべ(て)
6画 全全全全全全
全く（まったく）　全て（すべて）　全国（ぜんこく）　全体（ぜんたい）
全（いる）

教 65ページ
題 ダイ
長く
18画 題題題題題題題題題題題題題題題題題題
本の題名（ほんのだいめい）　問題（もんだい）　話題（わだい）　出題（しゅつだい）
題（おおがい）

教 66ページ
皮 ヒ　かわ
はねる
5画 皮皮皮皮皮
毛皮（けがわ）　皮肉（ひにく）　皮相（ひそう）　皮ふ（ひふ）
皮（けがわ）

教 67ページ
相 ソウ　あい
とめる
9画 相相相相相相相相相
相手（あいて）　相当（そうとう）　手相（てそう）　相談（そうだん）
相（め）

1 読みがなを書きましょう。　36点（一つ6）

① 長い 文章（　　）。

② 全体（　　）をとらえる。

③ 全（　　）くのでたらめだ。

④ 題名（　　）を決（き）める。

⑤ 木の 皮（　　）をむく。

⑥ 相手（　　）にったわる。

「皮」の「𠂆」を「厂」としないようにね。

← うらのページにつづくよ！

❷ あてはまる漢字を書きましょう。

64点（一つ8）

① ていねいな［ぶんしょう］を書く。

② 見るもの［すべ］てがめずらしい。

③ 紙［ぜんたい］を青くぬる。

④ ［まった］く知らない話だ。

⑤ ［わだい］の本を読む。

⑥ ［ひ］ふに薬（くすり）をぬる。

⑦ ［けがわ］でできたぼうし。

⑧ うらないで［てそう］をみてもらう。

ヒント ❷ ⑤「題」は「日」の下の横（よこ）ぼうをわすれないようにしましょう。

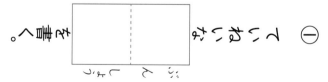

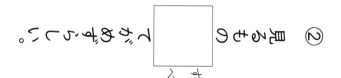

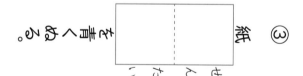

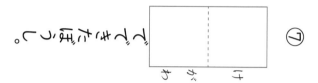

きほんのドリル 15。

漢字の音(おん)と訓(くん) (1)

時間 15分　合かく80点　/100

答え 102ページ

月　日

書いておぼえよう！

教 69ページ
庭　テイ／にわ　（出る）
10画
前庭(まえにわ)　庭石(にわいし)　校庭(こうてい)　庭園(ていえん)
庭(まだれ)

教 69ページ
命　メイ／いのち　（はねる）
8画
大切(たいせつ)な命(いのち)　人命(じんめい)　生命(せいめい)
命(くち)

教 69ページ
炭　タン／すみ　（はらう）
9画
炭火(すみび)　炭(すみ)やき　石炭(せきたん)　木炭(もくたん)
炭(ひ)

教 69ページ
品　ヒン／しな　（大きく）
9画
品物(しなもの)　手品(てじな)　作品(さくひん)　食品(しょくひん)
品(くち)

教 69ページ
平　ヘイ・ビョウ／たいら・ひら　（まん中）
5画
平(たい)ら　平(ひら)たい面(めん)　平和(へいわ)　平等(びょうどう)
平(いちじゅう)(かん)

1 読みがなを書きましょう。 36点（一つ6）

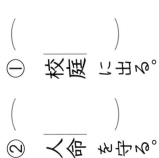

① 校庭に出る。（　　）
② 人命を守る。（　　）
③ 炭やきの魚。（　　）
④ 食品を売る。（　　）
⑤ 平らな土地。（　　）
⑥ 平和をのぞむ。（　　）

命「二」(横(よこ)ぼう)をわすれないで！

教科書 上 68～69ページ

うらのページにつづくよ！

❷ あてはまる漢字を書きましょう。

64点（一つ8）

① □（にわ）のそうじをする。

② □（いのち）のはかなさを知る。

③ 新しい□□（せいめい）が生まれる。

④ □□（もくたん）を使（つか）うストーブ。

⑤ ごうかな□□（しなもの）をもらう。

⑥ □□（さくひん）について語り合う。

⑦ □（ひら）たい板（いた）に字を書く。

⑧ □（びょう）等（どう）に分ける。

「平」には「ひらたい」と「たいら」という訓（くん）の読み方があります。

ヒント ❷ ①「庭」の「壬」を「王」としないようにしましょう。

漢字の音と訓 (2)
紙ひこうき、きみへ (1)

書いておぼえよう！

	皿	等	代	着	客
教科書	教69ページ	教69ページ	教69ページ	教73ページ	教73ページ
読み	さら	トウ／ひとしい	ダイ・タイ／かわる・かえる・よ	チャク／きる・きせる・つく・つける	キャク
画数	5画	12画	5画	12画	9画
部首	皿（さら）	⺮（たけかんむり）	亻（にんべん）	羊（ひつじ）	宀（うかんむり）
ことば	大きな皿　小皿　絵皿　一皿	数が等しい　上等　平等	代える　千代紙　代金　交代	着る　着せる　着く　着地	お客さん　来客　客間　客船

1 読みがなを書きましょう。　36点（一つ6）

① 一皿 にもりつける。

② 平等 にあつかう。

③ あいさつに 代 える。

④ 家に 着 く。

⑤ きれいに 着地 する。

⑥ お 客 さんをむかえる。

「等」は「たけかんむり」です。

うらのページにつづくよ！

❷ あてはまる漢字を書きましょう。

64点（一つ8）

① □□（えざら）を部屋（へや）にかざる。

② □（ひと）しい長さに切り分ける。

③ □□（こうたい）で火の番をする。

④ □□（だいきん）をしはらう。

⑤ □□□（ちよがみ）で人形を作る。

⑥ 安全（あんぜん）なところに□□（ちゃくち）する。

⑦ きれいなドレスを□（き）て出かける。

⑧ □□（らいきゃく）をあたたかくもてなす。

ヒント ❷ ③④⑤「代」の「丶」をわすれないようにしましょう。

きほんのドリル 17。

紙ひこうき、きみへ (2)

時間 15分
合かく80点 ／100
答え 102ページ
月　日

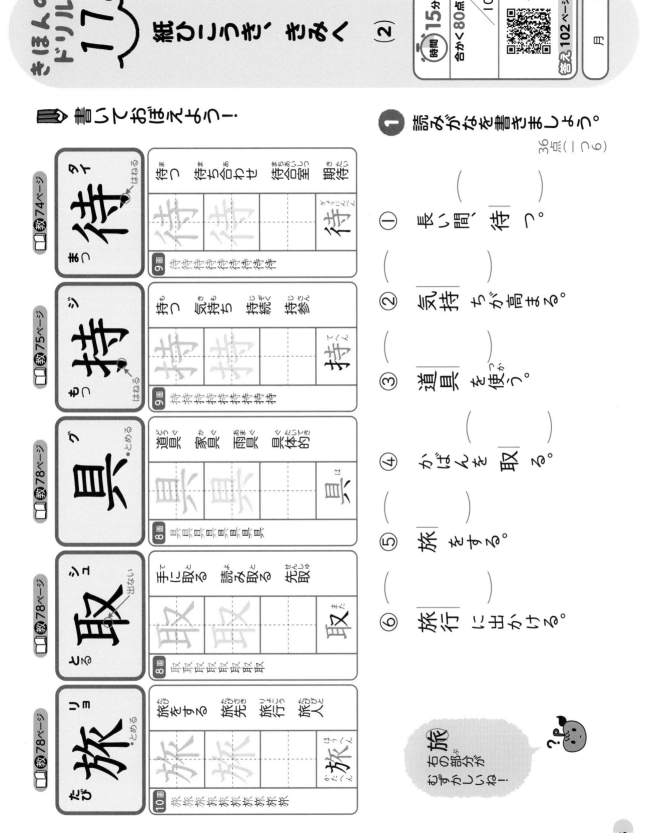

書いておぼえよう！

教 74ページ
待 タイ まつ（はねる）
9画 待待待待待待待待待
待つ　待ち合わせ　待合室　期待
待（ぎょうにんべん）

教 75ページ
持 ジ もつ（はねる）
9画 持持持持持持持持持
持つ　気持ち　持続　持参
持（てへん）

教 78ページ
具 グ（とめる）
8画 具具具具具具具具
道具　家具　雨具　具体的
具（は）

教 78ページ
取 シュ とる（出ない）
8画 取取取取取取取取
手に取る　読み取る　先取
取（また）

教 78ページ
旅 リョ たび（とめる）
10画 旅旅旅旅旅旅旅旅旅旅
旅をする　旅先　旅行　旅人
旅（ほうへん・かたへん）

1 読みがなを書きましょう。 36点(一つ6)

① 長い間、待つ。（　　）
② 気持ちが高まる。（　　）
③ 道具を使う。（　　）
④ かばんを取る。（　　）
⑤ 旅をする。（　　）
⑥ 旅行に出かける。（　　）

旅 右の部分がむずかしいね！

← うらのページにつづくよ！

教科書 上 72〜89ページ

2 あてはまる漢字を書きましょう。

64点（1つ8）

① ［ま］ち合わせの場所(しょ)に行く。

② 期(き)［たい］にむねをふくらませる。

③ 飲(の)み物を［じ］参(さん)する。

④ ロープをしっかり［も］つ。

⑤ ヨーロッパで作られた［かぐ］。

⑥ 一点を［せんしゅ］する。

⑦ 夏休みの［りょこう］。

⑧ 遠くから来た［たびびと］。

ヒント ❷ ①②と③④は形がにているので、まちがえないようにしましょう。

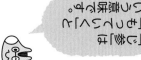

きほんのドリル 18。 紙ひこうき、きみへ (3)

時間 15分　合かく80点　/100　答え 102ページ　月　日

書いておぼえよう！

屋（教88ページ）オク　や　はらう
9画　本屋（ほんや）　問屋（とんや）　屋上（おくじょう）　屋外（おくがい）　しかばね・かばね

部（教88ページ）ブ
11画　部分（ぶぶん）　全部（ぜんぶ）　部首（ぶしゅ）　バスケ部（ぶ）　おおざと

悲（教79ページ）ヒ　かなしい・かなしむ
12画　悲しい話（かなしいはなし）　悲しむ（かなしむ）　悲鳴（ひめい）　こころ

様（教78ページ）ヨウ　さま　出ない
14画　王様（おうさま）　神様（かみさま）　様子（ようす）　同様（どうよう）　きへん

読んでおぼえよう！

●…とくべつな読み方をする漢字

（教80ページ）今朝（けさ）

1 読みがなを書きましょう。　20点（一つ4）

① 様子（　　）をたしかめる。
② わかれを悲（　　）しむ。
③ サッカー部（　　）に入る。
④ パン屋（　　）に行く。
⑤ ビルの屋上（　　）。

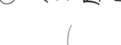

← うらのページにつづくよ！

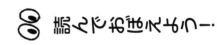

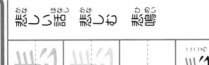

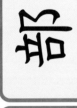

教科書 上72～89ページ

❷ あてはまる漢字を書きましょう。

80点（一つ10）

① ぼくも君（きみ）と［どうよう］の意見だ。

② ［おうさま］のいる国。

③ ［かな］しい気分になる。

④ あちこちで［ひめい］が上がる。

⑤ ［けさ］は早く起（お）きた。

⑥ 気に入らない［ぶぶん］を直す。

⑦ デパートの［おくじょう］。

⑧ ［ほんや］で待ち合わせる。

「おくじょう」は「屋根（ね）」の「上」のことだね。

ヒント ❷ ①②「様」は横（よこ）ぼうの数に注（ちゅう）意しましょう。

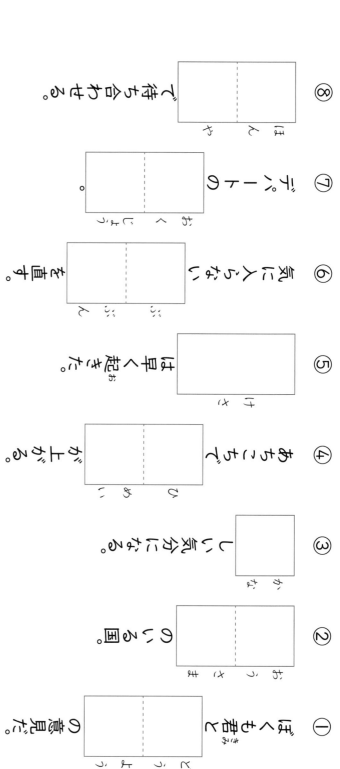

四月から七月に習った漢字と言葉

時間 20分　合かく80点　／100

答え 102ページ

月　日

1 漢字の読みがなを書きましょう。　14点（一つ2）

① 父が 運転（　　） する車に 乗（　　） る。

② 自由（　　） に歌う。

③ 小皿（　　） に 取（　　） り分ける。

④ 屋上（　　） まで 三十秒（　　） だ。

2 あてはまる漢字を書きましょう。〔　〕には漢字とひらがなを書きましょう。　14点（一つ2）

① □□（へんじ）が来るのを□（ま）つ。

② 両手（りょう）で□□（しなもの）を□（も）つ。

③ □（ひ）ふの□□（いちぶ）が日やけしている。

④ 公園に〔　　　（あつまる）〕。

3 ——の漢字の読みがなを書きましょう。

24点（一つ3）

① 石炭をほる。／炭火でやく。

② 生命のしんぴ。／命をかける。

③ 庭園のそうじ。／庭のバラ。

④ 図書館の本。／大きな館。

4 次の言葉を、漢字とひらがなで書きましょう。

24点（一つ4）

① うごく（　　）

② しらべる（　　）

③ まもる（　　）

④ ひとしい（　　）

⑤ ながれる（　　）

⑥ ひらたい（　　）

5 次のそれぞれの二字じゅく語をかんせいさせましょう。

24点（一つ4）

① 問（もん）□（だい）

② □（りょ）行（こう）

③ 文（ぶん）□（しょう）

④ 水（すい）□（えい）

⑤ □（しょう）化（か）

⑥ 練（れん）□（しゅう）

きほんのドリル 20。「りす公園」はどこにある？

時間 15分　合かく80点　／100
答え 102ページ
月　日

書いておぼえよう！

遊（教 99ページ）	ユウ／あそぶ（はねる）	12画　遊遊遊遊遊遊遊遊遊遊遊遊（しんにょう）	外（そと）で遊（あそ）ぶ　遊園地（ゆうえんち）　遊具（ゆうぐ）　遊歩道（ゆうほどう）
駅（教 100ページ）	エキ	14画　駅駅駅駅駅駅駅駅駅駅駅駅駅駅（うまへん）	東京駅（とうきょうえき）　駅長（えきちょう）　駅員（えきいん）　駅前（えきまえ）
曲（教 100ページ）	キョク／まがる／まげる	6画　曲曲曲曲曲曲（ひらび・いわく）	曲（ま）がる　曲（ま）げる　名曲（めいきょく）　作曲（さっきょく）

読んでおぼえよう！

●…とくべつな読み方をする漢字

教101ページ　八百屋（やおや）

1 読みがなを書きましょう。20点（一つ4）

① 公園で 遊 ぶ。（　　）
② 遊具 を使（つか）う。（　　）
③ 駅 まで歩く。（　　）
④ 右に 曲 がる。（　　）
⑤ ピアノの 曲。（　　）

「曲」を「由」にしないようにね。

← うらのページにつづくよ！

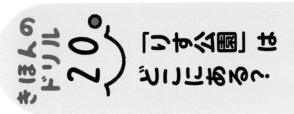

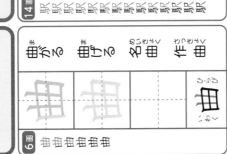

教科書 上 98～101ページ

2 あてはまる漢字を書きましょう。

80点（一つ10）

① トランプをして［あそ］ぶ。

② 家族（ぞく）で［ゆうえんち］に行く。

③ ［ゆうほどう］を通る。

④ ［えきまえ］のパン屋。

⑤ ［えきちょう］にあいさつをする。

⑥ 有（ゆう）名な［さっきょくか］。

⑦ はり金を［ま］げる。

⑧ ［やおや］でくだものを買う。

ヒント 2 ①②③「遊」の「子」の上の「亠」をわすれないようにしましょう。

きほんのドリル 21

取材(ざい)したことをほうこく文に (1)

時間 15分 合かく80点 /100

答え 102ページ

月 日

書いておぼえよう！

教 103ページ
仕 シ つかえる（みじかく）
5画 仕仕仕仕仕 にんべん
仕(つか)える 仕事(しごと) 出仕(しゅっし) 仕組(しく)み

教 103ページ
写 シャ うつす うつる（はねる）
5画 写写写写写 わかんむり
写(うつ)す 写(うつ)る 写真(しゃしん) 写生(しゃせい)

教 103ページ
真 シン ま（長く）
10画 真真真真真真真真真真 め
真夏(まなつ) 真冬(まふゆ) 真実(しんじつ) 真空(しんくう)

教 103ページ
礼 レイ（まげる）
5画 礼礼礼礼礼 しめすへん
お礼(れい) 返礼(へんれい) 無礼(ぶれい) 礼金(れいきん)

教 103ページ
安 アン やすい（出る）
6画 安安安安安安 うかんむり
安(やす)い 安物(やすもの) 安心(あんしん) 安全(あんぜん)

1 読みがなを書きましょう。

36点(一つ6)

① 仕事を始(はじ)める。（　　）

② 写真をとる。（　　）

③ ノートに書き写す。（　　）

④ 真夏の一日。（　　）

⑤ お礼を言う。（　　）

⑥ ねだんが安い。（　　）

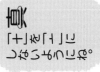

真 「十」を「エ」にしないようにね。

教科書 上 102〜107ページ

うらのページにつづくよ！

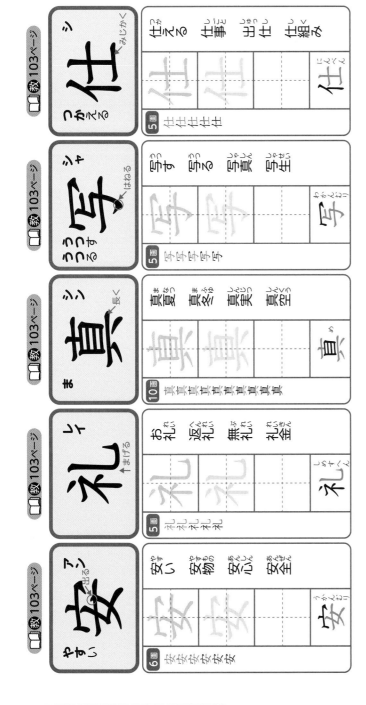

2 あてはまる漢字を書きましょう。

64点(一つ8)

① 長く主人に［つか］える。

② オルゴールの［しくみ］を調べる。

③ 地図を紙に書き［うつ］す。

④ 白黒の古い［しゃしん］。

⑤ ［まふゆ］のような服そう。

⑥ ［しんじつ］を打ち明ける。

⑦ お［れい］の手紙をもらう。

⑧ ［あんぜん］に車を走らせる。

ヒント 2 ④⑤⑥「真」は「目」の下の横ぼうをわすれないようにしましょう。

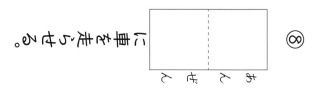

きほんのドリル 22

取材したことをほうこく文に (2)

時間 15分 合かく80点 /100

答え 102ページ

月 日

書いておぼえよう！

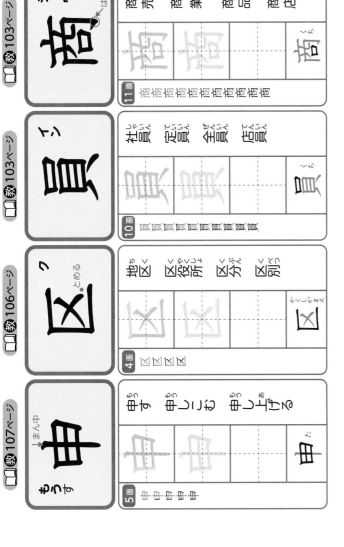

教 103ページ
商 ショウ（はねる）
11画 商商商商商商商商商商商
商売（しょうばい） 商業（しょうぎょう） 商品（しょうひん） 商店（しょうてん）
商（くち）

教 103ページ
員 イン
10画 員員員員員員員員員員
社員（しゃいん） 定員（ていいん） 全員（ぜんいん） 店員（てんいん）
員（くち）

教 106ページ
区 ク（とめる）
4画 区区区区
地区（ちく） 区役所（くやくしょ） 区分（くぶん） 区別（くべつ）
区（かくしがまえ）

教 107ページ
申 もうす（まん中）
5画 申申申申申
申す（もう） 申しこむ（もう） 申し上げる（もう・あ）
申（た）

1 読みがなを書きましょう。 36点（一つ6）

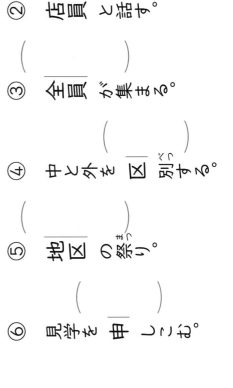

① 人気の 商品。（　　）
② 店員（　　）と話す。
③ 全員（　　）が集まる。
④ 中と外を 区（　　）別（べつ）する。
⑤ 地区（　　）の祭（まつ）り。
⑥ 見学を 申（　　）しこむ。

「員」の「貝」を「見」としないようにね。

うらのページにつづくよ！

教科書 上 102〜107ページ

64点（1つ8）

❷ あてはまる漢字を書きましょう。

① 新しい［しょうてん］で買い物する。

② ［しょうばい］上手な人。

③ 定（てい）［いん］十人のエレベーター。

④ 多くの［しゃいん］がはたらく。

⑤ 役所（やくしょ）で［く］書るいをもらう。

⑥ この［ちく］のリーダー。

⑦ おわびを［もう］し上げる。

⑧ チケットを［もう］しこむ。

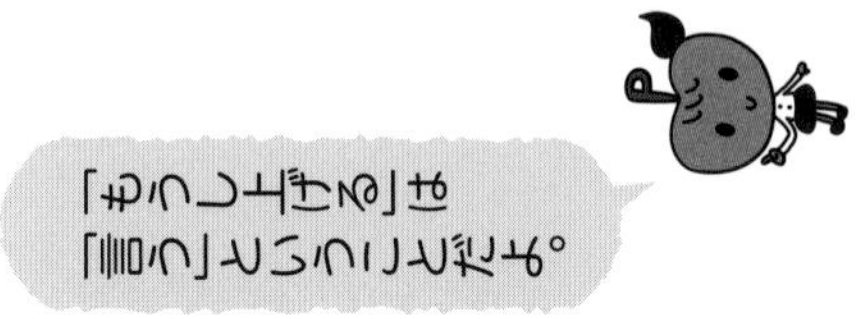

ヒント ❷ ③④「員」は上は「口」、下は「貝」です。

きほんのドリル 23。 自分の気持ちを手紙に

時間 15分　合かく80点　／100
答え 102ページ
月　日

書いておぼえよう！

教 108ページ
送 ソウ　おくる
9画 送送送送送送送送送
物（もの）を送（おく）る　送（おく）りがな　発送（はっそう）　返送（へんそう）
しんにょう

教 108ページ
所 ショ　ところ
8画 所所所所所所所所
台所（だいどころ）　住（す）む所（ところ）　長所（ちょうしょ）　場所（ばしょ）
と

教 109ページ
丁 チョウ（はねる）
2画 丁丁
一丁（いっちょう）　落丁（らくちょう）　三丁目（さんちょうめ）
いち

教 109ページ
住 ジュウ　すむ　すまう（あける）
7画 住住住住住住住
町（まち）に住（す）む　住（す）まい　住所（じゅうしょ）　住人（じゅうにん）
にんべん

1 読みがなを書きましょう。
36点（一つ6）

① 目線を 送 る。（　）
② 手紙を 返送 する。（　）
③ はじめての 場所。（　）
④ 一丁 の豆（とう）ふ。（　）
⑤ 自たくの 住所。（　）
⑥ 向（む）かいに 住 む。（　）

「住」の点をわすれないようにね。

← うらのページにつづくよ！

教科書 上 108～109ページ

2 あてはまる漢字を書きましょう。

64点（一つ8）

① □（おく）りがなに気をつけて書く。

② 荷物（に）を□□（はっそう）した日。

③ □□（だいどころ）でりょう理をする。

④ これから行く□（ところ）がある。

⑤ □□□（さんちょうめ）の角の魚屋。

⑥ 地区の□□（じゅうにん）にあいさつする。

⑦ □□（じゅうしょ）を紙に書く。

⑧ 海の近くに□（す）まう。

ヒント ２ ①②「⻌」は三画で書きます。

きほんのドリル 24。

送りがな (1)

時間 15分　合かく80点　／100
答え 102ページ
月　日

書いておぼえよう！

打（教110ページ）　ダ　うつ　（はねる）
5画　打打打打打
ホームランを打(う)つ　打者(だしゃ)　打点(だてん)
打 てへん

飲（教110ページ）　イン　のむ　（とめる）
12画　飲飲飲飲飲飲飲飲飲飲飲飲
水(みず)を飲(の)む　飲(の)み水(みず)　飲食(いんしょく)
飲 しょくへん

負（教110ページ）　フ　まける　まかす　おう
9画　負負負負負負負負負
負(ま)ける　負(ま)かす　負(お)う　勝負(しょうぶ)
負 こがい　かい

暑（教110ページ）　ショ　あつい　（出る）
12画　暑暑暑暑暑暑暑暑暑暑暑暑
暑(あつ)い夏(なつ)　暑中(しょちゅう)見まい
暑 ひ

暗（教110ページ）　アン　くらい　（長く）
13画　暗暗暗暗暗暗暗暗暗暗暗暗暗
暗(くら)い夜(よる)　暗(くら)がり　暗記(あんき)　暗室(あんしつ)
暗 ひへん

1 読みがなを書きましょう。　36点（一つ6）

① ボールを 打（　）つ。
② お茶を 飲（　）む。
③ 一点差(さ)で 負（　）ける。
④ けがを 負（　）う。
⑤ 暑（　）い日がつづく。
⑥ 暗（　）い場所。

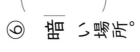

うらのページにつづくよ！

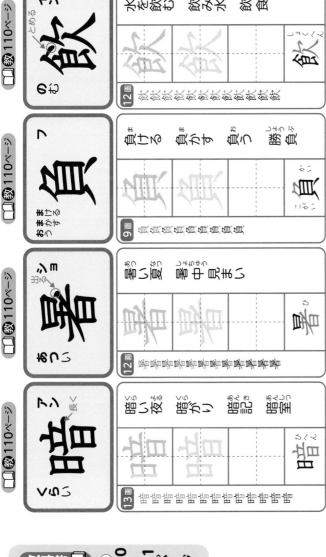

❷ あてはまる漢字を書きましょう。

64点（一つ8）

① 高い［だてん］をあげる。

② ここは［いんしょく］がきん止だ。

③ ゆたかな［の］み水がある国。

④ 弟は［ま］けずぎらいだ。

⑤ きびしい勝（しょう）［ぶ］になる。

⑥ 今年（ことし）もっとも［あつ］い日。

⑦ ［しょちゅう］見まいの葉書。

⑧ 花の名前を［あんき］する。

「飲」の「𩙿」は、「食」とは形がちがうよ。

ヒント ❷ ④⑤「負」の「目」を「日」にしないように注意（ちゅうい）しましょう。

きほんのドリル 25。

送りがな (2)

時間 15分　合かく80点　／100

答え 103ページ

月　日

書いておぼえよう！

教111ページ
洋　ヨウ（出ない）
9画　洋洋洋洋洋洋洋洋洋
洋（さんずい）
洋風（ようふう）の部屋（へや）　海洋（かいよう）　洋楽（ようがく）　西洋（せいよう）

教111ページ
服　フク（はねる）
8画　服服服服服服服服
服（つきへん）
服（ふく）を着（き）る　洋服（ようふく）　衣服（いふく）　服用（ふくよう）

教111ページ
育　イク　そだつ　そだてる　はぐくむ
8画　育育育育育育育育
育（にく）
育（そだ）つ　育（そだ）てる　育（はぐく）む　教育（きょういく）

教111ページ
苦　ク　くるしい　くるしめる　にがい　くるしむ　にがる
8画　苦苦苦苦苦苦苦苦
苦（くさかんむり）
苦（くる）しい　苦（くる）しむ　苦（にが）い　苦心（くしん）

教111ページ
薬　ヤク　くすり
16画　薬薬薬薬薬薬薬薬薬薬薬薬薬薬薬薬
薬（くさかんむり）
薬（くすり）を飲（の）む　薬箱（くすりばこ）　火薬（かやく）　薬品（やくひん）

読んでおぼえよう！

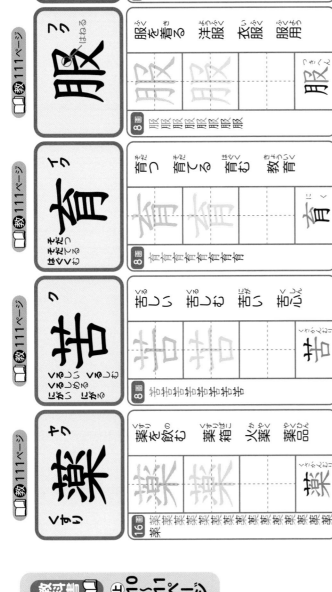

●…とくべつな読み方をする漢字

教111ページ　明日（あす）

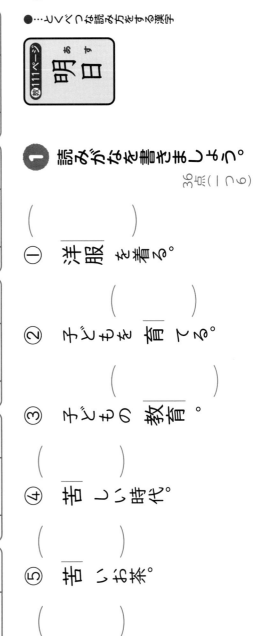

1 読みがなを書きましょう。　36点（一つ6）

① 洋服（　　）を着る。

② 子どもを育（　　）てる。

③ 子どもの教育（　　）。

④ 苦（　　）しい時代。

⑤ 苦（　　）いお茶。

⑥ 薬（　　）を飲む。

うらのページにつづくよ！

2 あてはまる漢字を書きましょう。

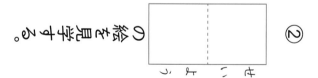

64点（一つ8）

① （あす）から出かける。

② （せいよう）の絵を見学する。

③ 一日に一回（ふくよう）する。

④ （きょういく）の大切さについて語る。

⑤ やさしい心を（はぐく）む。

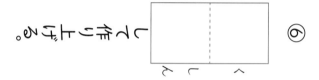

⑥ （くしん）して作り上げる。

⑦ （にが）い思い出になる。

⑧ （やくひん）の開発をする。

ヒント 2 ⑤送りがなに注意しましょう。

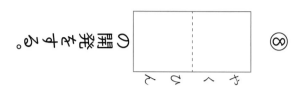

まとめのドリル 26。

「りす公園」はどこにある？ 〜送りがな

時間 20分　合かく80点　/100

答え 103ページ

月　日

1 漢字の読みがなを書きましょう。　52点（一つ4）

① 三丁目 の交差点を 曲 がる。

② たん生日のおくりものを 発送 する。

③ 心からお 礼 を 申 し上げる。

④ 多くの 打点 をあげる。

⑤ 明日 から旅行へ出かける。

⑥ 負 けたチームが 暗 い顔をしている。

⑦ 駅前 の 商店 で花たばを買う。

⑧ 兄弟がおそろいの 洋服 を着る。

⑨ きせつの 区切 りがはっきりしている。

教科書 上98〜111ページ

うらのページにつづくよ！

2 あてはまる漢字を書きましょう。〔　〕には漢字とひらがなを書きましょう。

48点（一つ4）

① 温かいお茶を〔（のむ）〕。

② しょう来は、（えきいん）の（しごと）がしたい。

③ （やおや）で買い物をする。

④ すから落ちたひな鳥を〔（そだてる）〕。

⑤ （あんぜん）な公園で〔（あそぶ）〕。

⑥ 見まいの葉書を（しょちゅう）出す。

⑦ 〔（にがい）〕が、とてもよくきく（くすり）。

⑧ 友だちといっしょに（しゃしん）をとる。

⑨ 新しい（じゅうしょ）を友だちに知らせる。

きほんのドリル 27.

わすれられない おくりもの (1)

時間 15分　合かく80点　/100

答え 103ページ

月　日

書いておぼえよう！

教114ページ
助 ジョ　たすける　たすかる
7画　助助助助助助助
人助(ひとだす)け　助(たす)ける　助(たす)かる　助手(じょしゅ)
助 ちから

教115ページ
向 コウ　むく　むける　むかう　むこう　（はねる）
6画　向向向向向向
上向(うわむ)く　向(む)ける　方向(ほうこう)　向(む)こう
向 くち

教116ページ
幸 コウ　さいわい　しあわせ　（長く）
8画　幸幸幸幸幸幸幸幸
幸(さいわ)い　幸(しあわ)せな人(ひと)　幸運(こううん)
幸 かん・いちじゅう

教116ページ
終 シュウ　おわる　おえる
11画　終終終終終終終終終終終
終(お)わる　終(お)える　終日(しゅうじつ)　終点(しゅうてん)
終 いとへん

教117ページ
速 ソク　はやい　はやめる　はやまる
10画　速速速速速速速速速速
足(あし)が速(はや)い　速(はや)める　時速(じそく)
速 しんにょう・しんにゅう

読んでおぼえよう！

●…とくべつな読み方をする漢字

教116ページ
●部屋(へや)

1 読みがなを書きましょう。 36点(一つ6)

① 友だちを 助 ける。(　　)
② 向 こうの方。(　　)
③ 幸 せをかみしめる。(　　)
④ 部屋 に入る。(　　)
⑤ 学習を 終 える。(　　)
⑥ 走るのが 速 い。(　　)

教科書 上 114〜129ページ

うらのページにつづくよ！

2 あてはまる漢字を書きましょう。

64点（一つ8）

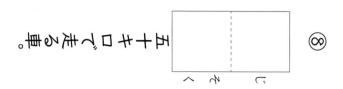

① はかせと［じょしゅ］が実けんをする。

② 右の［ほうこう］へと歩きだす。

③ 顔を横(よこ)に［む］ける。

④ ［こううん］にめぐまれた人生。

⑤ ［さいわ］い、すぐにまちがいに気づいた。

⑥ ［へや］の中で休む。

⑦ ［しゅうてん］の駅に着く。

⑧ 五十キロで走る［じそく］車。

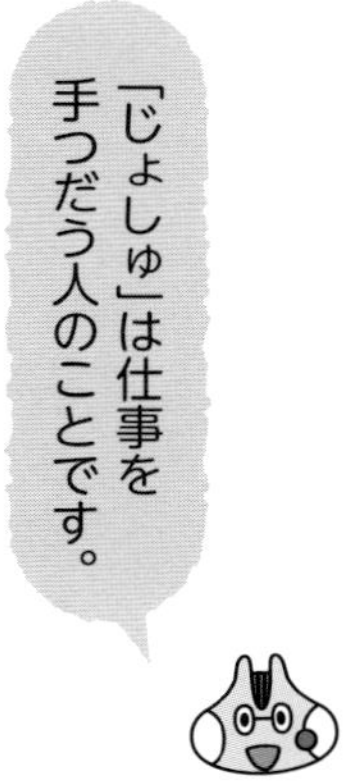

ヒント 2 ④⑤「幸」は横ぼうの数に注意(ちゅうい)しましょう。

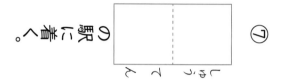

きほんのドリル 28。

わすれられないおくりもの (2)
俳句（はいく）に親しむ (1)

時間 15分　合かく80点　／100

答え 103ページ

月　日

書いておぼえよう！

📖教 118ページ
者　シャ　もの
8画　者者者者者者者者
わか者（もの）　働（はたら）き者（もの）　学者（がくしゃ）　記者（きしゃ）
おいかんむり　おいがしら

📖教 119ページ
寒　カン　さむい
12画　寒寒寒寒寒寒寒寒寒寒寒寒
寒（さむ）い冬（ふゆ）　寒空（さむぞら）　寒風（かんぷう）　寒気（かんき）
うかんむり

📖教 128ページ
央　オウ
5画　央央央央央
中央（ちゅうおう）
だい

📖教 131ページ
陽　ヨウ
12画　陽陽陽陽陽陽陽陽陽陽陽陽
太陽（たいよう）　陽気（ようき）　陽光（ようこう）
こざとへん

📖教 132ページ
氷　ヒョウ　こおり
5画　氷氷氷氷氷
氷水（こおりみず）　かき氷（ごおり）　氷河（ひょうが）　氷山（ひょうざん）
みず

1 読みがなを書きましょう。 36点（一つ6）

① 悲しまない 者（　　）。
② りっぱな 学者（　　）。
③ 外は 寒（　　）い。
④ 町の 中央（　　）。
⑤ まぶしい 太陽（　　）。
⑥ かき 氷（　　）を食べる。

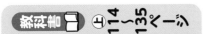

「氷」の点をわすれないで！

教科書 上 114～135ページ

← うらのページにつづくよ！

2 あてはまる漢字を書きましょう。

64点（一つ8）

①（がくしゃ）□□が長年のなぞをとく。

② 村はずれに住むわか（もの）□。

③（さむ）□い冬がやって来る。

④（かんぷう）□□に負けず外で遊ぶ。

⑤ 町の（ちゅうおう）□□にある公園。

⑥（たいよう）□□がまぶしいきせつ。

⑦（ひょうざん）□□の一角にすぎない。

⑧（こおりみず）□□で手をひやす。

ヒント 2 ③④「寒」は横ぼうの数に注意しましょう。

きほんのドリル 29.

俳句に親しむ (2) きせつの言葉を集めよう (1)

時間 15分　合かく80点　/100　答え 103ページ

月　日

書いておぼえよう！

有（教133ページ）　ユウ　ある
6画　有有有有有有
有る　有り金　有名
有（つき）

植（教136ページ）　ショク　うえる　うわる
12画　植植植植植植植植植植植植
花を植える　植わる　植物
植（きへん）

緑（教137ページ）　リョク　みどり
14画　緑緑緑緑緑緑緑緑緑緑緑緑緑緑
緑色　緑の葉　緑茶　新緑
緑（いとへん）

祭（教137ページ）　サイ　まつる　まつり
11画　祭祭祭祭祭祭祭祭祭祭祭
神様を祭る　秋祭り　祭日
祭（しめす）

湯（教137ページ）　トウ　ゆ
12画　湯湯湯湯湯湯湯湯湯湯湯湯
ふろの湯　湯気　熱湯
湯（さんずい）

1 読みがなを書きましょう。 36点（一つ6）

① 有名な作曲家。（　　）

② 植物の研究。（　　）

③ 新緑のきせつ。（　　）

④ 緑色のスカート。（　　）

⑤ ひな祭りをいわう。（　　）

⑥ ゆず湯に入る。（　　）

うらのページにつづくよ！

2 あてはまる漢字を書きましょう。

64点（一つ8）

①日曜日には予定(てい)が□(あ)る。

②□□(しょくぶつ)を大切に育てる。

③庭にバラのなえを□(う)える。

④□□(りょくちゃ)を飲んでほっとする。

⑤□□(さいじつ)は学校が休みだ。

⑥死者を神(かみ)として□(まつ)る。

⑦おふろにお□(ゆ)を入れる。

⑧熱(ねっ)□(とう)で消どくする。

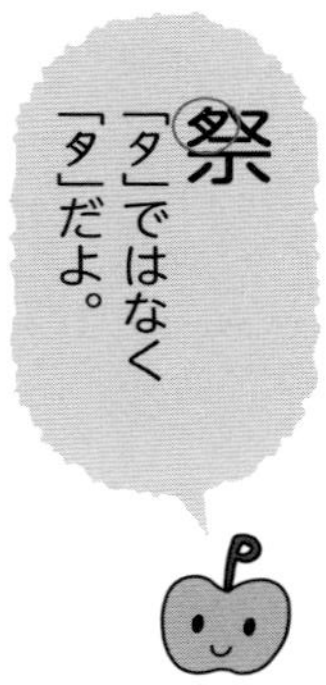

ヒント ❷ ⑦⑧「湯」は右がわを「易」としないように注意(ちゅうい)しましょう。

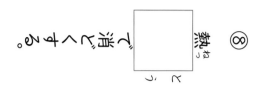

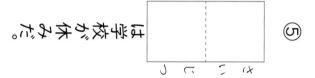

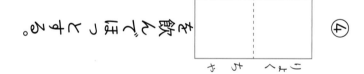

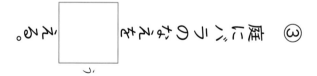

きほんのドリル 30。

きせつの言葉を集めよう（2） 世界の人につたわるように

時間 15分　合かく80点　／100

答え 103ページ

月　日

書いておぼえよう！

豆（教137ページ）　音：トウ・ズ　訓：まめ　7画　（長く）
豆まき（まめまき）　そら豆（そらまめ）　豆ふ（とうふ）　大豆（だいず）

式（教137ページ）　音：シキ　6画　（ななめ）　（しきがまえ）
計算式（けいさんしき）　形式（けいしき）　正式（せいしき）　けっこん式（けっこんしき）

世（教8ページ）　音：セイ・セ　訓：よ　5画　（いち）
世の中（よのなか）　二十一世紀（にじゅういっせいき）　世話（せわ）

界（教8ページ）　音：カイ　9画　（た）
世界（せかい）　限界（げんかい）　境界（きょうかい）　外界（がいかい）

注（教9ページ）　音：チュウ　訓：そそぐ　8画　（はなす）　（さんずい）
注意（ちゅうい）　水を注ぐ（みずをそそぐ）　注目（ちゅうもく）

1 読みがなを書きましょう。　36点（一つ6）

① 豆（　　）まきをする。

② 兄のけっこん式（　　）。

③ 世界中（　　）を回る。

④ 世（　　）の中の決まり。

⑤ 注意（　　）をする。

⑥ 水を注（　　）ぐ。

「式」の点をわすれないようにね。

教科書 上136～下9ページ

うらのページにつづくよ！

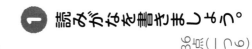

2 あてはまる漢字を書きましょう。

64点（一つ8）

① □（とう）ふを温めて食べる。

② □□（だいず）をやわらかくにる。

③ □□（せいしき）な申しこみを受ける。

④ □□□（せかいいち）大きなかぼちゃ。

⑤ 二十一□（せい）紀の日本。

⑥ □□（がいかい）にはてきが多い。

⑦ 人々の□□（ちゅうもく）を集める。

⑧ コップに水を□（そそ）ぐ。

ヒント ❷ ④⑤「世」の筆順に気をつけましょう。

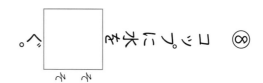

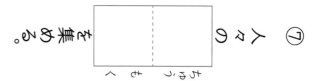

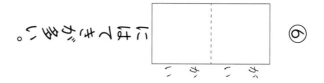

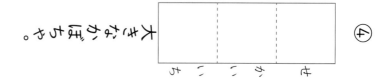

くらしと絵文字 (1)

時間 15分　合かく80点　/100

答え 103ページ

月　日

書いておぼえよう！

教 10ページ
進　シン　すすむ　すすめる
11画　進進進進進進進進進進進
前へ進む（まえ・すす）　進める（すす）　進行（しんこう）
しんにょう／しんにゅう

教 10ページ
指　シ　さす　ゆび
はねる
9画　指指指指指指指指指
親指（おやゆび）　指先（ゆびさき）　指す（さ）　指名（しめい）
てへん

教 10ページ
役　ヤク
7画　役役役役役役役
役立つ（やくだ）　役所（やくしょ）　役目（やくめ）　主役（しゅやく）
ぎょうにんべん

教 12ページ
港　コウ　みなと
はねる
12画　港港港港港港港港港港港港
港町（みなとまち）　空港（くうこう）　出港（しゅっこう）
さんずい

教 13ページ
箱　はこ
15画　箱箱箱箱箱箱箱箱箱箱箱箱箱箱箱
みかんの箱（はこ）　木箱（きばこ）　本箱（ほんばこ）
たけかんむり

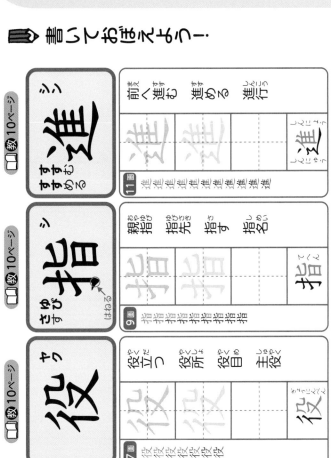

1 読みがなを書きましょう。

36点（一つ6）

① まっすぐ 進（　　）む。

② 進行（　　）方向を見る。

③ 親指（　　）を立てる。

④ くらしに 役立（　　）つ。

⑤ 空港（　　）で見送る。

⑥ 箱（　　）の中身。

「役」の「又」を「夂」にしないようにね。

うらのページにつづくよ！

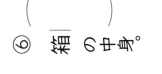

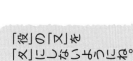

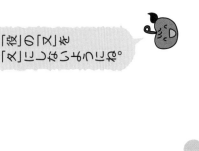

教科書 下 10〜21ページ

2 あてはまる漢字を書きましょう。

64点（一つ8）

① 大きな道をまっすぐに［すす］む。

② 話し合いの［しんこう］をする。

③ ［しめい］された打者。

④ 南の方角を［さ］す。

⑤ バスで［やくしょ］に行く。

⑥ 昔（むかし）ながらの［みなとまち］。

⑦ 船が海外へ向けて［しゅっこう］する。

⑧ ［きばこ］にりんごをつめる。

ヒント 2 ⑥⑦「己」の部分の筆順（ひつじゅん）に注意しましょう。

きほんのドリル 32。くらしと絵文字 (2)

時間 15分　合かく80点　／100

答え 103ページ

月　日

書いておぼえよう!

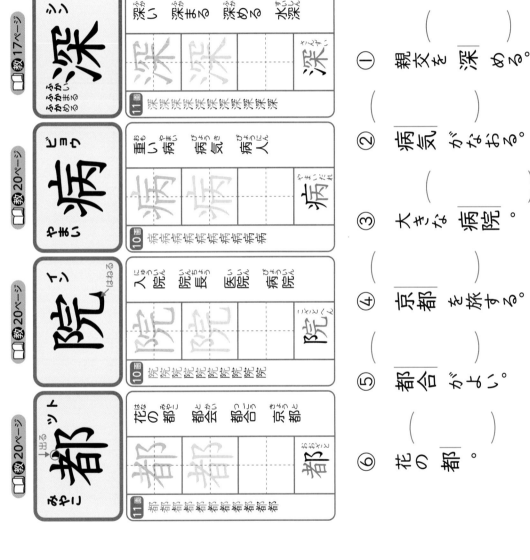

深	教17ページ	シン／ふか-い・ふか-まる・ふか-める	11画	深深深深深深深深深深深	深（ふか）い　深（ふか）まる　深（ふか）める　水深（すいしん）　（さんずい）
病	教20ページ	ビョウ／やまい	10画	病病病病病病病病病病	重（おも）い病（やまい）　病気（びょうき）　病人（びょうにん）　（やまいだれ）
院	教20ページ	イン（はねる）	10画	院院院院院院院院院院	入院（にゅういん）　院長（いんちょう）　医院（いいん）　病院（びょういん）　（こざとへん）
都	教20ページ	ト・ツ／みやこ（出る）	11画	都都都都都都都都都都都	花の都（はなのみやこ）　都会（とかい）　都合（つごう）　京都（きょうと）　（おおざと）

1 読みがなを書きましょう。 36点（一つ6）

① 親交を深める。（　）

② 病気がなおる。（　）

③ 大きな病院。（　）

④ 京都を旅する。（　）

⑤ 都合がよい。（　）

⑥ 花の都。（　）

「病」の「丙」を「内」にしないようにね。

← うらのページにつづくよ!

教科書 下10～21ページ

2 あてはまる漢字を書きましょう。

64点（一つ8）

① プールの［すいしん］をはかる。

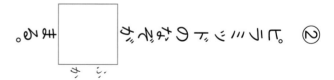

② ピラミッドのなぞが［ふか］まる。

③ 母が重い［やまい］にかかる。

④ 長い［にゅういん］生活が終わる。

⑤ ［いんちょう］に話を聞く。

⑥ ［みやこ］から来た人。

⑦ ［とかい］に住む友だち。

⑧ 友だちに［つごう］のよい日をたずねる。

ヒント ❷ ④⑤「院」、また⑥⑦⑧「都」の「阝」は、三画で書きます。

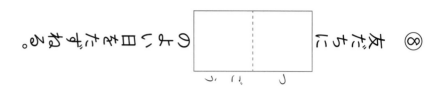

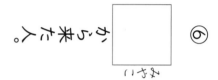

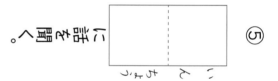

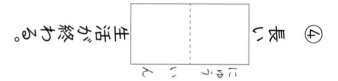

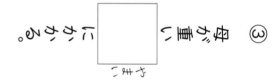

まとめのドリル 33
わすれられないおくりもの〜くらしと絵文字

時間 20分　合かく80点　／100

答え 103ページ

月　日

1 漢字の読みがなを書きましょう。　52点（一つ4）

① 親指（　）ひめの物語が 終（　）わる。

② 次の 打者（　）がじゅんびを始（はじ）める。

③ 小箱（　）の中身は 緑茶（　）だ。

④ 湯気（　）が顔にかかる。

⑤ 太陽（　）の光が山を明るくてらす。

⑥ 港町（　）にある 役所（　）をたずねる。

⑦ 大きなプールの 水深（　）をはかる。

⑧ 世界（　）について書かれた 有名（　）な本。

⑨ クラスごとに入場門まで 進（　）む。

教科書 上114〜下21ページ

うらのページにつづくよ！

2 あてはまる漢字を書きましょう。〔　〕には漢字とひらがなを書きましょう。

48点（一つ4）

① 地元の［びょういん］にかかる。

② ［とかい］に住む年上のいとこ。

③ しずかにするように［ちゅうい］を受ける。

④ 〔さむい〕中で［ひょうざん］を見物する。

⑤ 〔しあわせ〕な一生をすごした人。

⑥ 公園の［ちゅうおう］で〔まつり〕が行われる。

⑦ ［とう］ふを一丁買う。

⑧ 姉のけっこん［しき］できれいなドレスを着る。

⑨ 友だちを〔たすけ〕に〔むかう〕。

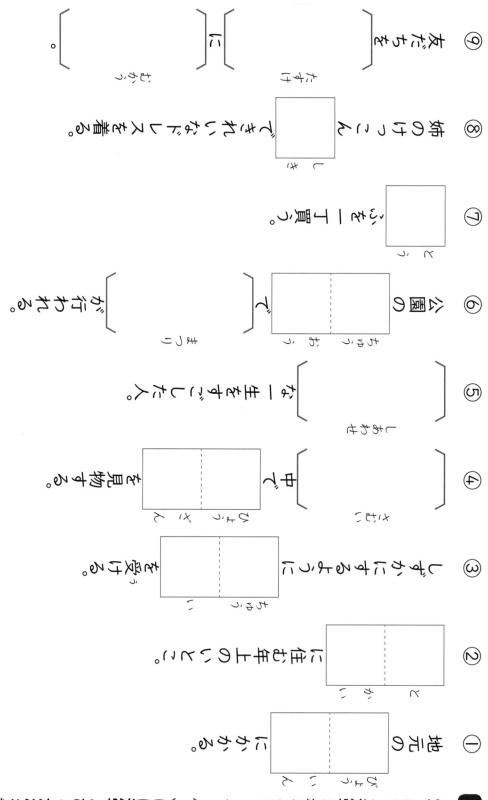

きほんのドリル 34。

わたしたちの絵文字

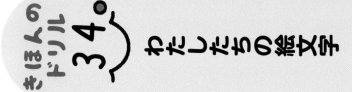

時間 15分　合かく80点　/100　答え 103ページ　月　日

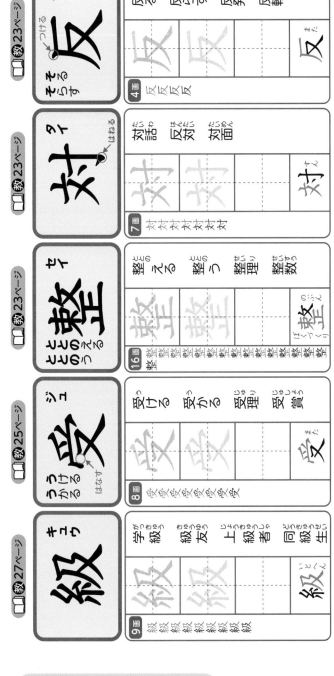

書いておぼえよう！

反（つける）	ハン／そる・そらす	4画	反反反反	又（また）	反(そ)る　反(そ)らす　反発(はんぱつ)　反転(はんてん)	教23ページ
対（はねる）	タイ	7画	対対対対対対対	寸（すん）	対話(たいわ)　反対(はんたい)　対面(たいめん)	教23ページ
整	セイ／ととのえる・ととのう	16画	整整整整整整整整整整整整整整整整	攵（のぶん・ぼくづくり）	整(ととの)える　整(ととの)う　整理(せいり)　整数(せいすう)	教23ページ
受（はなす）	ジュ／うける・うかる	8画	受受受受受受受受	又（また）	受(う)ける　受(う)かる　受理(じゅり)　受賞(じゅしょう)	教25ページ
級	キュウ	9画	級級級級級級級級級	糸（いとへん）	学級(がっきゅう)　級友(きゅうゆう)　上級者(じょうきゅうしゃ)　同級生(どうきゅうせい)	教27ページ

1 読みがなを書きましょう。 36点（一つ6）

① 体を 反らす。（　　）

② 反対 の意見。（　　）

③ 考えを 整理 する。（　　）

④ したくが 整う。（　　）

⑤ 申しこみを 受ける。（　　）

⑥ 学級 活動をする。（　　）

うらのページにつづくよ！

❷ あてはまる漢字を書きましょう。

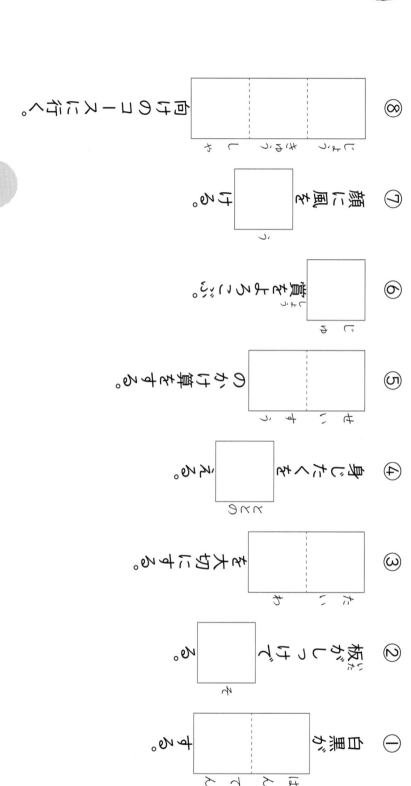

64点（一つ8）

① 白黒が［はんてん］する。

② 板（いた）がしっけで［そ］る。

③ ［たいわ］を大切にする。

④ 身じたくを［ととの］える。

⑤ ［せいすう］のかけ算をする。

⑥ ［じゅ］賞（しょう）をよろこぶ。

⑦ 顔に風を［う］ける。

⑧ ［じょうきゅうしゃ］向けのコースに行く。

ヒント ❷ ④⑤「整」は画数が多いので、部分ごとにおぼえましょう。

きほんのドリル 35。

気持ちをつたえる話し方・聞き方
へんとつくり (1)

時間 15分　合かく80点　／100
答え 103ページ
月　日

書いておぼえよう！

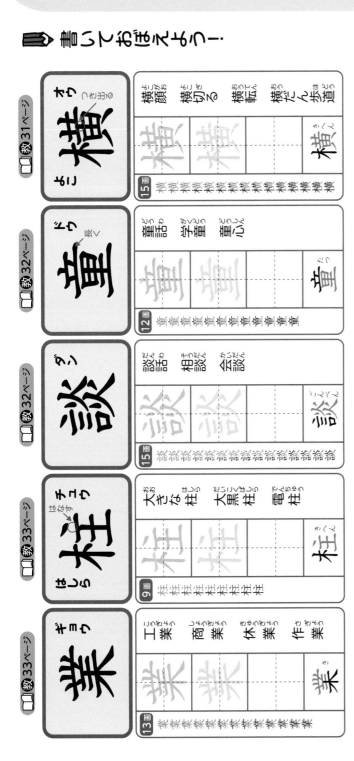

教 31ページ
横　オウ　よこ（つき出る）
15画
横顔（よこがお）　横切る（よこぎる）　横転（おうてん）　横だん歩道（おうだんほどう）
きへん

教 32ページ
童　ドウ（長く）
12画
童話（どうわ）　学童（がくどう）　童心（どうしん）
たつ

教 32ページ
談　ダン
15画
談話（だんわ）　相談（そうだん）　会談（かいだん）
ごんべん

教 33ページ
柱　チュウ　はしら（はなす）
9画
大きな柱（おおきなはしら）　大黒柱（だいこくばしら）　電柱（でんちゅう）
きへん

教 33ページ
業　ギョウ
13画
工業（こうぎょう）　商業（しょうぎょう）　休業（きゅうぎょう）　作業（さぎょう）
き

1 読みがなを書きましょう。 36点（一つ6）

① 横（　）を向く。
② 母は童話（　）作家だ。
③ 会談（　）を行う。
④ 柱（　）でささえる。
⑤ 電柱（　）が多い。
⑥ 休業（　）の日をたずねる。

うらのページにつづくよ！

❷ あてはまる漢字を書きましょう。

64点（一つ8）

① □（おう）だん歩道をわたる。

② □□（よこがお）が母そっくりだ。

③ □□（がくどう）のための楽曲。

④ 友だちの□□（そうだん）に乗る。

⑤ □□（でんちゅう）の高さをはかる。

⑥ 一家の□□□（だいこくばしら）となる。

⑦ □□（こうぎょう）がさかんな町。

⑧ 細かい□□（さぎょう）をていねいに行う。

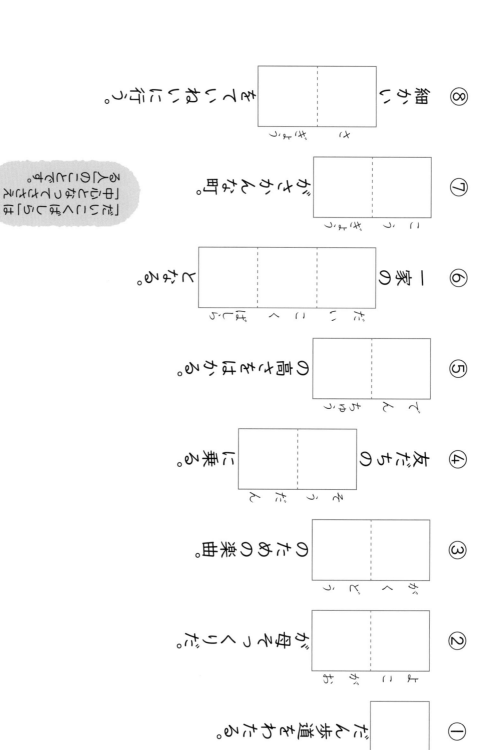

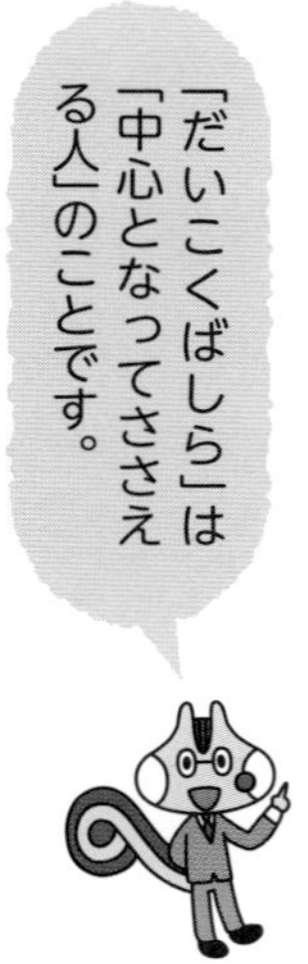

ヒント ❷ ⑦⑧「業」は横ぼうの数に注意しましょう。

きほんのドリル 36。へんとつくり (2)

時間 15分　合かく80点　/100

答え 103ページ

月　日

書いておぼえよう！

教 33ページ

倍　バイ（長く）　10画
倍倍倍倍倍倍倍倍倍倍
二倍（にばい）　倍数（ばいすう）　五倍（ごばい）　十倍（じゅうばい）
倍（にんべん）

教 33ページ

投　トウ　なげる（はねる）　7画
投投投投投投投
ボールを投（な）げる　投手（とうしゅ）　投球（とうきゅう）
投（てへん）

教 33ページ

球　キュウ　たま（わすれない）　11画
球球球球球球球球球球球
ゴルフの球（たま）　電球（でんきゅう）　地球（ちきゅう）
球（おうへん）

教 33ページ

宿　シュク　やど　やどる　やどす　11画
宿宿宿宿宿宿宿宿宿宿宿
宿屋（やどや）　宿（やど）る　宿（やど）す　宿題（しゅくだい）
宿（うかんむり）

教 33ページ

勉　ベン（はねる）　10画
勉勉勉勉勉勉勉勉勉勉
勉強（べんきょう）　勉学（べんがく）
勉（ちから）

1 読みがなを書きましょう。 36点（一つ6）

① 五倍（　　）にふえる。

② 投球（　　）の練習。

③ ほう丸を投（　　）げる。

④ テニスの球（　　）。

⑤ 宿題（　　）をする。

⑥ 勉強（　　）の時間。

「球」の「氺」を「水」にしないようにね。

うらのページにつづくよ！

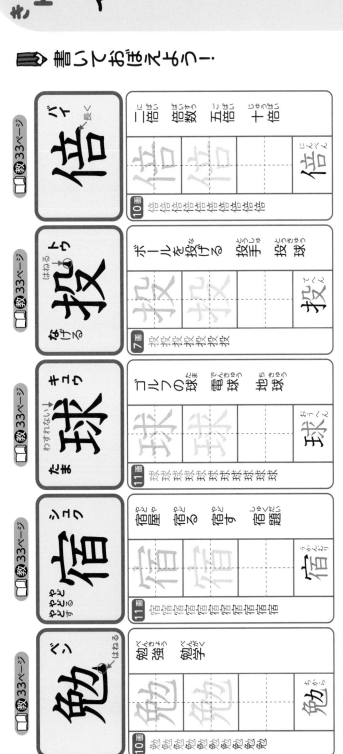

教科書 下32～33ページ

2 あてはまる漢字を書きましょう。

64点（一つ8）

① ［にばい］の重さのかばん。

② ［ばい］のねだんのくだもの。

③ ［とうしゅ］としてしあいに出る。

④ ラケットのまん中に［たま］が当たる。

⑤ ［でんきゅう］を新しくつけかえる。

⑥ ［やどや］の主人にたずねる。

⑦ ものにたましいが［やど］る。

⑧ ［べんがく］にいそしむ。

勉 「力」の下までのびているよ。

ヒント ❷ ④⑤「球」は点をわすれないようにしましょう。

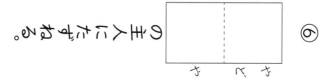

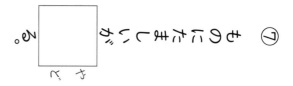

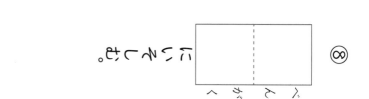

きほんのドリル 37。

へんとつくり モチモチの木 (1)(3)

時間 15分 合かく80点 /100

答え103ページ

月　日

書いておぼえよう！

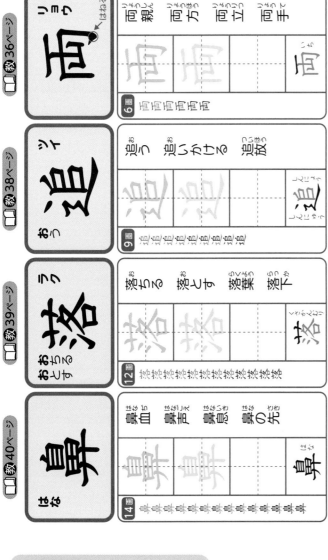

教33ページ
放（ホウ／はなす・はなつ／はなれる／ほうる）8画
放す（はなす） 放つ（はなつ） 放る（ほうる） 放送（ほうそう）
のぶん・ぼくづくり
放放放放放放放放

教36ページ
両（リョウ）はねる 6画
両親（りょうしん） 両方（りょうほう） 両立（りょうりつ） 両手（りょうて）
いち
両両両両両両

教38ページ
追（ツイ／おう）9画
追う（おう） 追いかける（おいかける） 追放（ついほう）
しんにょう・しんにゅう
追追追追追追追追追

教39ページ
落（ラク／おちる・おとす）12画
落ちる（おちる） 落とす（おとす） 落葉（らくよう） 落下（らっか）
くさかんむり
落落落落落落落落落落落落

教40ページ
鼻（はな）14画
鼻血（はなぢ） 鼻声（はなごえ） 鼻息（はないき） 鼻の先（はなのさき）
はな
鼻鼻鼻鼻鼻鼻鼻鼻鼻鼻鼻鼻鼻鼻

1 読みがなを書きましょう。36点（一つ6）

① 放送を聞く。（　　）
② 魚を放す。（　　）
③ 両手で持つ。（　　）
④ はん人を追う。（　　）
⑤ お皿を落とす。（　　）
⑥ 鼻が高い。（　　）

うらのページにつづくよ！

❷ あてはまる漢字を書きましょう。

64点（一つ8）

① 小鳥を空に［はな］つ。

② ボールを高く［ほう］る。

③ ［りょう］［ほう］の意見を聞く。

④ 前の走者を［お］いかける。

⑤ 国を［つい］［ほう］される。

⑥ えだから葉が［お］ちる。

⑦ いちょうの［らく］［よう］。

⑧ かぜで［はな］［ごえ］になる。

ヒント ❷ ⑥⑦「落」の「夂」を「又」としないようにしましょう。

きほんのドリル 38。

モチモチの木 (2)

時間 15分　合かく80点　/100

答え 103ページ

月　日

書いておぼえよう！

教 42ページ
起 キ　おきる　おこる　おこす
長く
10画　起起起起起起起起起起
起きる（おきる）　起こす（おこす）　起用（きよう）　起立（きりつ）
起（そうにょう）

教 42ページ
神 シン　ジン　かみ
出る
9画　神神神神神神神神神
神様（かみさま）　神話（しんわ）　神社（じんじゃ）
神（しめすへん）

教 45ページ
歯 シ　は
はなす
12画　歯歯歯歯歯歯歯歯歯歯歯歯
歯車（はぐるま）　虫歯（むしば）　歯科（しか）
歯（は）

教 46ページ
医 イ
7画　医医医医医医医
医者（いしゃ）　医学（いがく）　医院（いいん）　名医（めいい）
医（かくしがまえ）

教 46ページ
坂 さか
ななめ
7画　坂坂坂坂坂坂坂
坂道（さかみち）　上り坂（のぼりざか）　下り坂（くだりざか）
坂（つちへん）

1 読みがなを書きましょう。
36点（一つ6）

① 早く 起（　）きる。

② 神様（　）にいのる。

③ 歯（　）を食いしばる。

④ 歯科（　）に行く。

⑤ 医者（　）にかかる。

⑥ 坂道（　）をかけ上る。

起
「己」の下まで
のびているよ。

← うらのページにつづくよ！

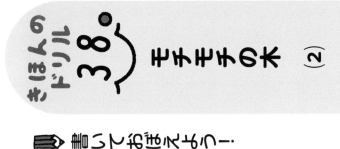

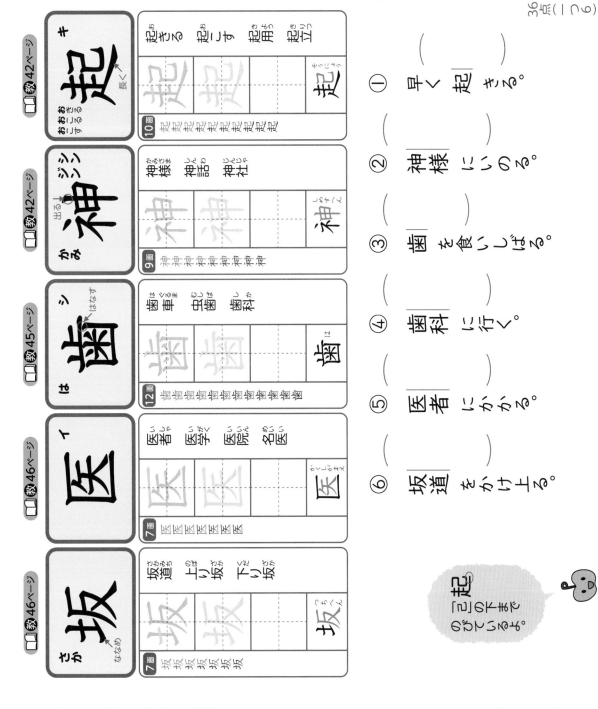

❷ あてはまる漢字を書きましょう。

64点(一つ8)

① □(きりつ)、礼、着席(せき)。

② □(しんわ)の時代の出来事。

③ 近くの□(じんじゃ)におまいりする。

④ □(しか)の予やくをする。

⑤ □(むしば)がしくしくいたむ。

⑥ □(いがく)が進歩する。

⑦ □(いしゃ)に薬をもらう。

⑧ 上り□(ざか)で息(いき)が切れる。

「起立」は立ち上がることです。

ヒント ❷④⑤「歯」は中の「米」を書いてから、あとの二画を書きます。

モチモチの木 (3)

時間 15分 合かく80点 /100

答え 104ページ

月　日

書いておぼえよう！

血（教 46ページ）ち　ケツ　まん中
6画　血血血血血血
赤（あか）い血（ち）　鼻血（はなぢ）　出血（しゅっけつ）　血液（けつえき）　血（ち）

他（教 51ページ）ほか　タ　はねる
5画　他他他他他
他（ほか）の人（ひと）　その他（ほか）　他人（たにん）　他国（たこく）　他（にんべん）

銀（教 54ページ）ギン　ななめ
14画　銀銀銀銀銀銀銀銀銀銀銀銀銀銀
銀行（ぎんこう）　白銀（はくぎん）　銀（ぎん）のつぼ　銀紙（ぎんがみ）　銀（かねへん）

油（教 54ページ）あぶら　ユ
8画　油油油油油油油油
油絵（あぶらえ）　てんぷら油（あぶら）　石油（せきゆ）　油分（ゆぶん）　油（さんずい）

1 読みがなを書きましょう。
36点（一つ6）

① 転んで 血 が出る。（　）
② 出血 を止める。（　）
③ 赤の 他人。（　）
④ 白銀 の世界。（　）
⑤ 油絵 をかく。（　）
⑥ 石油 をほる。（　）

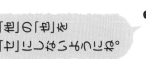

「他」の「也」を「せ」にしないようにね。

うらのページにつづくよ！

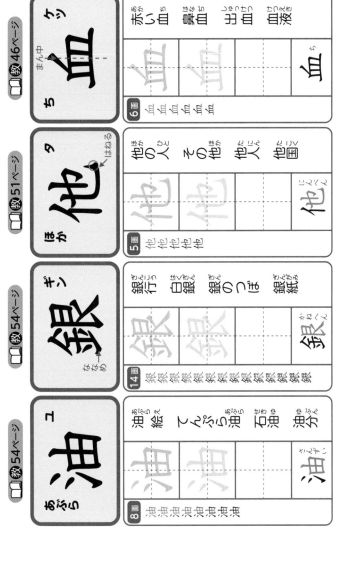

❷ あてはまる漢字を書きましょう。

64点（一つ8）

① （はなぢ）が出る。

② （しゅっけつ）がようやく止まる。

③ （ほか）の人の考えを聞く。

④ （たこく）について学ぶ。

⑤ （ぎんがみ）でつるをおる。

⑥ （ぎんこう）にお金をあずける。

⑦ （ゆぶん）の多い食べ物。

⑧ （あぶら）をまぜてドレッシングを作る。

血と皿
まちがえないようにね。

ヒント ❷ ⑦⑧「油」の右がわは「田」ではなく「由」です。

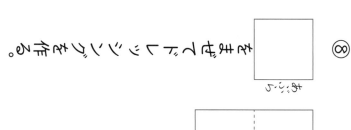

「おすすめ図書カード」を作ろう こそあど言葉 はっとしたことを詩に

時間 15分 合かく80点 /100

答え 104ページ

月　日

書いておぼえよう！

係（教59ページ）ケイ　かかる　かかり（ななめ）
9画
係る（かかる）　図書係（としょがかり）　関係（かんけい）
にんべん

農（教61ページ）ノウ
13画
農家（のうか）　農業（のうぎょう）　農地（のうち）　農村（のうそん）
しんのたつ

湖（教61ページ）コ　みずうみ（はねる）
12画
広い湖（ひろいみずうみ）　湖水（こすい）　湖岸（こがん）　湖面（こめん）
さんずい

美（教61ページ）ビ　うつくしい
9画
美しい人（うつくしいひと）　美しさ（うつくしさ）　美人（びじん）　美化（びか）
ひつじ

詩（教62ページ）シ（はねる）
13画
詩人（しじん）　みんなの詩（し）　詩作（しさく）
ごんべん

読んでおぼえよう！

●…とくべつな読み方をする漢字

時計（とけい）（教59ページ）

係 「こ」をわすれないようにね。

1 読みがなを書きましょう。 36点（一つ6）

① 図書係（　　）の人。

② 時計（　　）を見る。

③ 農家（　　）の手つだい。

④ きれいな湖（　　）。

⑤ 美（　　）しい心。

⑥ 詩（　　）を書く。

うらのページにつづくよ！

❷ あてはまる漢字を書きましょう。

64点（一つ8）

① 自分にも関（かん）［　　］（けい）がある話だ。

② 下の言葉に［　　］（かか）る。

③ ［　　］（とけい）のはりを合わせる。

④ ［　　｜　　］（のうぎょう）の仕事を手つだう。

⑤ ［　　｜　　］（のうそん）をゆたかにする。

⑥ 波（なみ）一つない［　　｜　　］（こめん）。

⑦ ［　　｜　　］（びか）運動に取り組む。

⑧ ［　　｜　　］（しじん）のような言葉。

「みずうみ」は「さんずい」＋「ふるい」＋「つき」を組み立てるとできあがる字です。

ヒント ❷ ⑦「美」は横ぼうの数に注意しましょう。

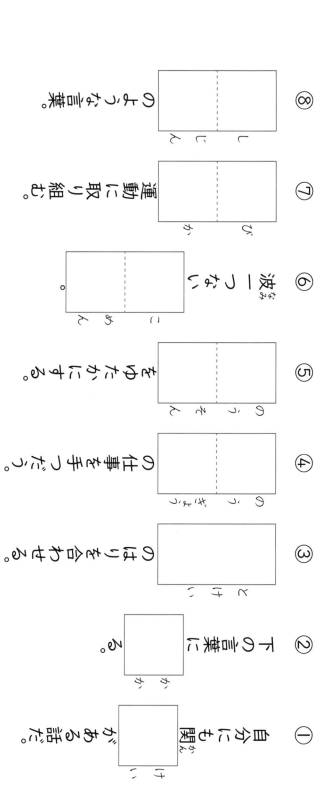

きほんのドリル 41.

ことわざ・慣用句

時間 15分　合かく 80点　／100

答え 104ページ

月　日

書いておぼえよう！

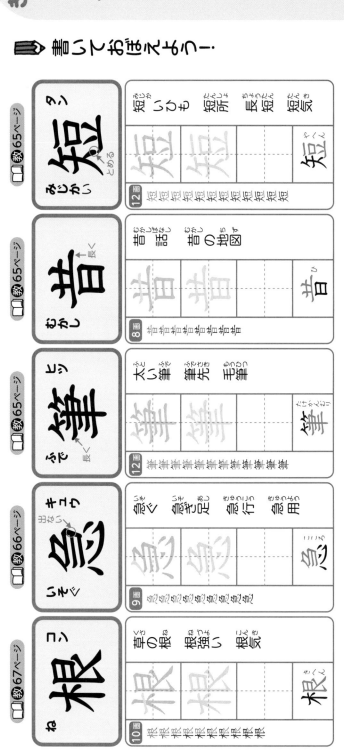

教 65ページ
短（タン／みじかい）とめる
12画　短短短短短短短短短短短短
短（やへん）
短いひも　短所　長短　短気

教 65ページ
昔（むかし）長く
8画　昔昔昔昔昔昔昔昔
昔（ひ）
昔話　昔の地図

教 65ページ
筆（ヒツ／ふで）長く
12画　筆筆筆筆筆筆筆筆筆筆筆筆
筆（たけかんむり）
太い筆　筆先　毛筆

教 66ページ
急（キュウ／いそぐ）出ない
9画　急急急急急急急急急
急（こころ）
急ぐ　急ぎ足　急行　急用

教 67ページ
根（コン／ね）
10画　根根根根根根根根根根
根（きへん）
草の根　根強い　根気

1 読みがなを書きましょう。 36点（一つ6）

①（　　）短い時間。

②（　　）昔のおとぎ話。

③（　　）筆をとる。

④ 家へと（　　）急ぐ。

⑤（　　）急な用事で出かける。

⑥（　　）根がはる。

うらのページにつづくよ！

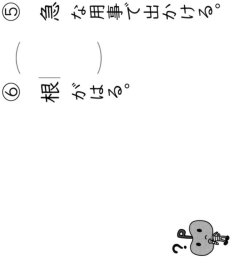

教科書 下 64～69ページ

2 あてはまる漢字を書きましょう。

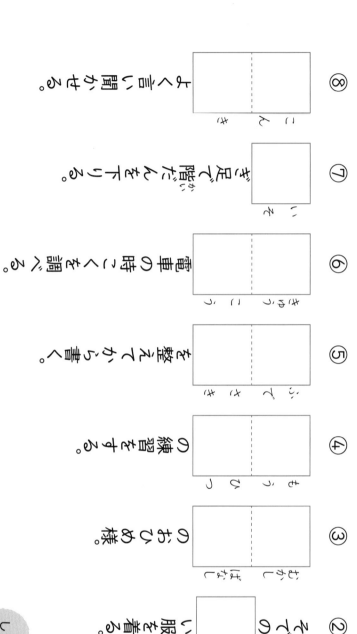

64点（一つ8）

① 父は［たんき］なせいかくだ。

② そでの［みじか］い服を着る。

③ ［むかしばなし］のおひめ様。

④ ［もうひつ］の練習をする。

⑤ ［ふでさき］を整えてから書く。

⑥ 電車の［きゅうこう］の時こくを調べる。

⑦ ［いそ］ぎ足で階（かい）だんを下りる。

⑧ ［こんき］よく言い聞かせる。

②の送りがなを「かい」としないようにね。

ヒント 2 ④⑤「筆」はさいごにたて画です。

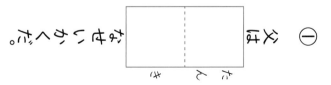

冬休みのホームテスト 42.

九月から十二月に習った漢字と言葉

時間 20分
合かく80点
／100
答え 104ページ
月　日

1 漢字の読みがなを書きましょう。　14点（一つ2）

① 他（　　）の 歯科医（　　）にかかる。

② 銀色（　　）にかがやく 神様（　　）のぞう。

③ 鼻（　　）から出た 血（　　）が止まる。

④ 農家（　　）の人の話を聞く。

2 あてはまる漢字を書きましょう。　14点（一つ2）

① □（むかし）、□（みずうみ）だった場所。

② □□（さかみち）で弟を□（お）いかける。

③ □（きゅう）に□（し）を口ずさむ。

④ キャベツを□（あぶら）でいためる。

うらのページにつづくよ！

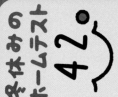

3 ――の漢字の読みがなを書きましょう。

24点（一つ3）

① 新緑がまぶしい。（　）／ 緑のクレヨン。（　）

② 人を助ける。（　）／ 助言をもらう。（　）

③ 京の都。（　）／ 都会でくらす。（　）

④ 筆記用具（　）／ 筆で書く。（　）

4 次の言葉を、漢字とひらがなで書きましょう。

24点（一つ4）

① うつくしい（　）

② ふかまる（　）

③ うえる（　）

④ ととのえる（　）

⑤ まつる（　）

⑥ しあわせ（　）

5 次のそれぞれの二字じゅく語をかんせいさせましょう。

24点（一つ4）

① 方（ほう）□（こう）

② □（き）立（りつ）

③ 空（くう）□（こう）

④ 工（こう）□（ぎょう）

⑤ □（らっ）下（か）

⑥ □（ほう）流（りゅう）

きほんのドリル 43。 ちいきの行事

時間 15分　合かく80点　／100　答え 104ページ　月　日

書いておぼえよう！

教74ページ
決 ケツ　き(める)　き(まる)
7画　決決決決決決決
決(き)める　決(き)まり　決心(けっしん)　決意(けつい)
決 さんずい

教75ページ
使 シ　つか(う)
8画　使使使使使使使使
使(つか)う　お使(つか)い　行使(こうし)　使用(しよう)
使 にんべん

教76ページ
委 イ　ゆだ(ねる)
8画　委委委委委委委委
委(ゆだ)ねる　委員会(いいんかい)　委細(いさい)
委 おんな

教78ページ
始 シ　はじ(める)　はじ(まる)
8画　始始始始始始始始
げきを始(はじ)める　始(はじ)まる　始発(しはつ)
始 おんなへん

読んでおぼえよう！

●…とくべつな読み方をする漢字

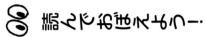

教74ページ　七夕(たなばた)
教78ページ　今年(ことし)

1 読みがなを書きましょう。 36点(一つ6)

① ひにちを 決（　　） める。
②（　　）七夕 のかざり。
③ はさみを 使（　　） う。
④（　　）委員会 で話し合う。
⑤ 会を 始（　　） める。
⑥（　　）今年 の祭り。

うらのページにつづくよ！

教科書 下 74～79ページ

2 あてはまる漢字を書きましょう。

64点（一つ8）

① □□（けつい）を新たにする。

② □（き）まりどおりに行動する。

③ □（たなばた）のかざりをする。

④ □□（しよう）したタオルをかたづける。

⑤ 運命に身を□（ゆだ）ねる。

⑥ 朝の会が□（はじ）まる。

⑦ □□（しはつ）の電車で出かける。

⑧ □（ことし）のクリスマス。

ヒント ❷ ①②「決」の右がわは「央」ではなく「夬」です。

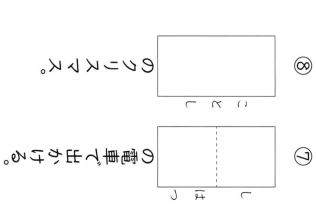

きほんのドリル 44 文の組み立て 漢字の組み立て (1)

時間 15分
合かく80点 /100
答え 104ページ
月 日

書いておぼえよう！

教 81ページ
帳 チョウ
11画 帳帳帳帳帳帳帳帳帳帳帳
帳面（ちょうめん） 通帳（つうちょう） 地図帳（ちずちょう） 手帳（てちょう）
帳 きんべん（はばへん）

教 81ページ
列 レツ （はねる）
6画 列列列列列列
列車（れっしゃ） 列島（れっとう） 行列（ぎょうれつ） 整列（せいれつ）
列 りっとう

教 81ページ
局 キョク
7画 局局局局局局局
薬局（やっきょく） ゆうびん局（きょく） テレビ局（きょく）
局 しかばね（かばね）

教 82ページ
笛 テキ ふえ （出る）
11画 笛笛笛笛笛笛笛笛笛笛笛
笛（ふえ）をふく 口笛（くちぶえ） 横笛（よこぶえ） 汽笛（きてき）
笛 たけかんむり

教 82ページ
宮 キュウ みや （大きく）
10画 宮宮宮宮宮宮宮宮宮宮
宮様（みやさま） 宮（みや）まいり 王宮（おうきゅう） 宮中（きゅうちゅう）
宮 うかんむり

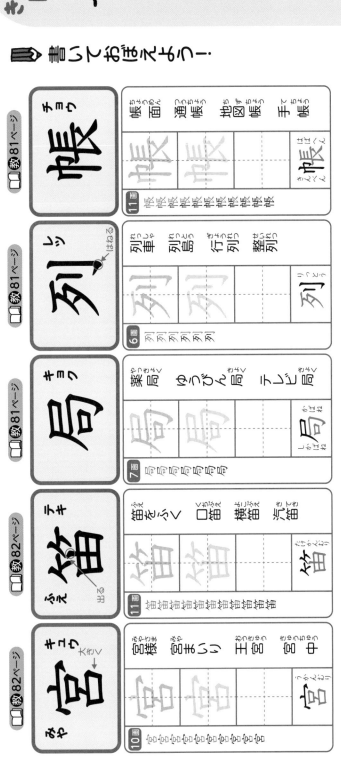

1 読みがなを書きましょう。 36点（一つ6）

① 手帳にメモする。（　）
② 列車に乗る。（　）
③ ゆうびん局へ行く。（　）
④ 口笛をふく。（　）
⑤ 遠くの汽笛。（　）
⑥ 宮中の行事。（　）

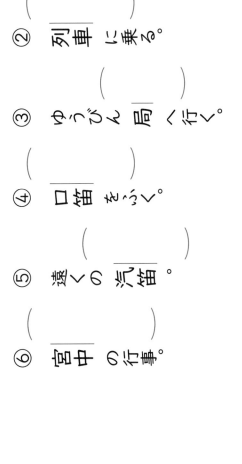

うらのページにつづくよ！

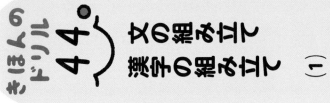

2 あてはまる漢字を書きましょう。

64点（一つ8）

① □□□（ちずちょう）のページを開く。

② 長い□□（ぎょうれつ）ができる。

③ □□（れっしゃ）に乗って旅をする。

④ □□（やっきょく）で相談する。

⑤ 船の□□（きてき）が聞こえる。

⑥ □□（よこぶえ）の美しい音色。

⑦ □□（おうきゅう）に仕える家来たち。

⑧ お□（みや）まいりをする。

ヒント 2 ⑦⑧「宮」を「官」としないようにしましょう。

きほんのドリル 45。

漢字の組み立て (1)(2)
川をつなぐちえ

時間 15分
合かく80点 /100
答え 104ページ
月 日

書いておぼえよう！

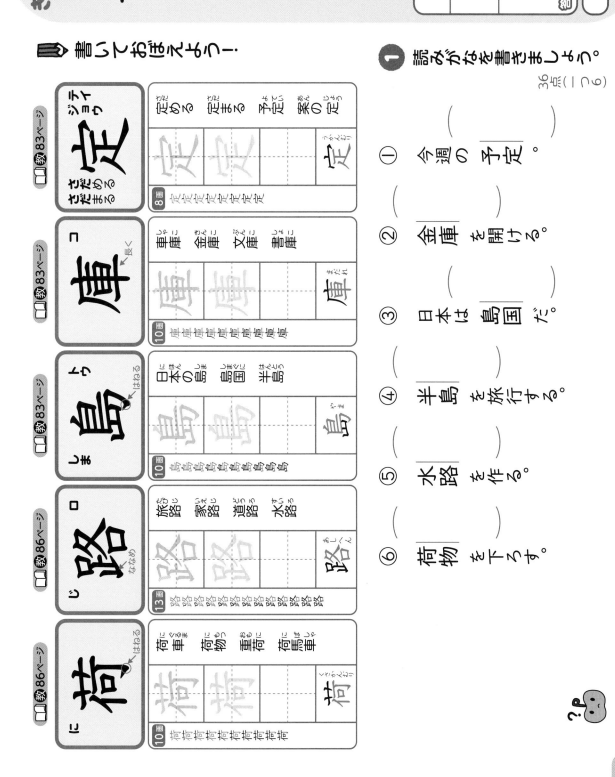

教 83ページ
定 テイ ジョウ さだめる さだまる
8画 定定定定定定定定
うかんむり
定める 定まる 予定 案の定

教 83ページ
庫 コ （長く）
10画 庫庫庫庫庫庫庫庫庫庫
まだれ
車庫 金庫 文庫 書庫

教 83ページ
島 トウ しま （はねる）
10画 島島島島島島島島島島
やま
日本の島 島国 半島

教 86ページ
路 ロ じ （ななめ）
13画 路路路路路路路路路路路路路
あしへん
旅路 家路 道路 水路

教 86ページ
荷 に （はねる）
10画 荷荷荷荷荷荷荷荷荷荷
くさかんむり
荷車 荷物 重荷 荷馬車

1 読みがなを書きましょう。 36点(一つ6)

① 今週の 予定（　　）。
② 金庫（　　）を開ける。
③ 日本は 島国（　　）だ。
④ 半島（　　）を旅行する。
⑤ 水路（　　）を作る。
⑥ 荷物（　　）を下ろす。

うらのページにつづくよ！

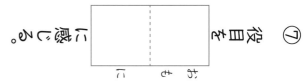

2 あてはまる漢字を書きましょう。

64点（一つ8）

① 案（あん）の［じょう］おくれて来た。

② ［さだ］めたルールにしたがう。

③ バスが［しゃこ］に入る。

④ 緑の多い［しま］。

⑤ 長い［たびじ］の友となる。

⑥ しん号のない［どうろ］。

⑦ 役目を［おもに］に感じる。

⑧ ［にぐるま］を親子で引っぱる。

ヒント
2 ⑤⑥「路」の左がわを「足」としないようにしましょう。

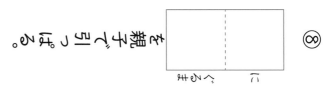

きほんのドリル 46.

川をつなぐちえ (2)

時間 15分　合かく80点　／100

答え 104ページ

月　日

書いておぼえよう！

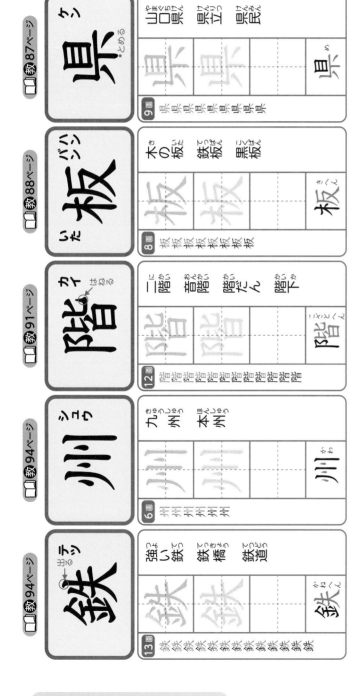

教 87ページ
県（ケン）
・とめる
9画　県県県県県県県県県
山口県（やまぐちけん）　県立（けんりつ）　県民（けんみん）
県（め）

教 88ページ
板（ハン・バン・いた）
8画　板板板板板板板板
木の板（きのいた）　鉄板（てっぱん）　黒板（こくばん）
板（きへん）

教 91ページ
階（カイ）
はねる
12画　階階階階階階階階階階階階
二階（にかい）　音階（おんかい）　階だん（かいだん）　階下（かいか）
階（こざとへん）

教 94ページ
州（シュウ）
6画　州州州州州州
九州（きゅうしゅう）　本州（ほんしゅう）
州（かわ）

教 94ページ
鉄（テツ）
出る
13画　鉄鉄鉄鉄鉄鉄鉄鉄鉄鉄鉄鉄鉄
強い鉄（つよいてつ）　鉄橋（てっきょう）　鉄道（てつどう）
鉄（かねへん）

1 読みがなを書きましょう。
36点（一つ6）

① 埼玉（さいたま）県（　　）の農作物。

② 木の板（　　）をのせる。

③ 黒板（　　）をふく。

④ 二階（　　）に上る。

⑤ 母は九州（　　）生まれだ。

⑥ 鉄道（　　）で向かう。

うらのページにつづくよ！

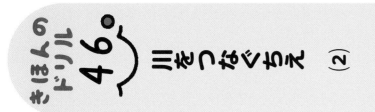

2 あてはまる漢字を書きましょう。

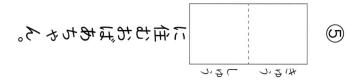

64点（一つ8）

① ［けんりつ］の高校へ通う。

② 木の［いた］でテーブルを作る。

③ ［てっぱん］で肉をやく。

④ ［かい］だんを急いで上る。

⑤ ［きゅうしゅう］に住むおばあちゃん。

⑥ 島と［ほんしゅう］をつなぐ橋。

⑦ ［てっきょう］を汽車がわたる。

⑧ ［てつ］のなべを使う。

ヒント ② ③⑦⑧「鉄」の右がわは「矢」ではなく「失」です。

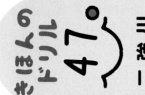

きほんのドリル 47。

川をつなぐちえ (3)／十二支と月のよび名
強く心にのこっていることを
二つの漢字の組み合わせ (1)

時間 15分
合かく80点
／100
答え 104ページ
月　日

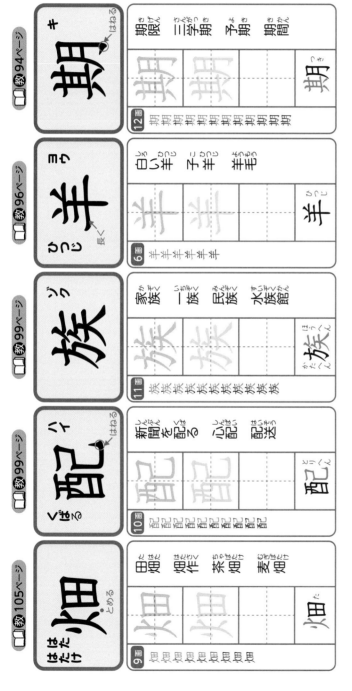

書いておぼえよう！

教 94ページ
期（キ）　はねる
12画　期期期期期期期期期期期期
期限（きげん）　三学期（さんがっき）　予期（よき）　期間（きかん）
期（つき）

教 96ページ
羊（ヨウ／ひつじ）　長く
6画　羊羊羊羊羊羊
白い羊（しろいひつじ）　子羊（こひつじ）　羊毛（ようもう）
羊（ひつじ）

教 99ページ
族（ゾク）
11画　族族族族族族族族族族族
家族（かぞく）　一族（いちぞく）　民族（みんぞく）　水族館（すいぞくかん）
族（ほうへん・かたへん）

教 99ページ
配（ハイ／くばる）　はねる
10画　配配配配配配配配配配
新聞を配る（しんぶんをくばる）　心配（しんぱい）　配送（はいそう）
配（とりへん）

教 105ページ
畑（はた／はたけ）　とめる
9画　畑畑畑畑畑畑畑畑畑
田畑（たはた）　畑作（はたさく）　茶畑（ちゃばたけ）　麦畑（むぎばたけ）
畑（た）

1 読みがなを書きましょう。　36点（一つ6）

① （　　　）三学期が始まる。

② （　　　）羊のむれ。

③ （　　　）羊毛をかる。

④ （　　　）家族で出かける。

⑤ （　　　）心配はいらない。

⑥ （　　　）田畑をたがやす。

教科書 下86～105ページ

うらのページにつづくよ！

2 あてはまる漢字を書きましょう。

64点（一つ8）

① 冬休みの［きかん］が終わる。

② ［こひつじ］のむれが通る。

③ ［ようもう］は軽（かる）くてあたたかい。

④ ［すいぞくかん］の魚を見る。

⑤ 子どもにおくりものを［くば］る。

⑥ ［はいそう］のトラックが近づく。

⑦ ［はたけ］で大根を育てる。

⑧ 坂に作られた［ちゃばたけ］。

ヒント ２ ①「期」はつき出るところと出ないところに注意しましょう。

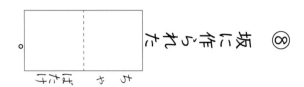

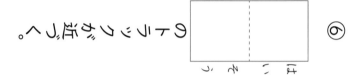

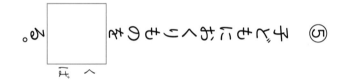

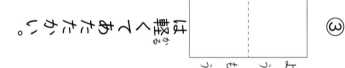

二つの漢字の組み合わせ (2)
おにたのぼうし (1)

時間 15分　合かく80点　/100

答え 104ページ

月　日

書いておぼえよう！

漢字	読み	教科書	画数	部首	言葉
軽	ケイ／かるい	教105ページ	12画	くるまへん	軽い　手軽　軽食
勝	ショウ／かつ	教105ページ	12画	ちから	すもうで勝つ　勝ち気　勝者
酒	シュ／さけ・さか	教105ページ	10画	ひよみのとり	白酒　酒屋　飲酒　日本酒
君	クン／きみ（ななめ）	教108ページ	7画	くち	父君　ひろし君　君主
福	フク	教108ページ	13画	しめすへん	福の神　幸福　福利　福わらい

1 読みがなを書きましょう。　36点（一つ6）

① 軽（　　）いかばん。

② 軽食（　　）をとる。

③ しあいに勝（　　）つ。

④ 白酒（　　）を飲む。

⑤ 君主（　　）の言葉。

⑥ 福（　　）わらいをする。

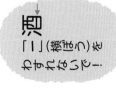

酒　「二」（横ぼう）をわすれないで！

教科書 下104～123ページ

うらのページにつづくよ！

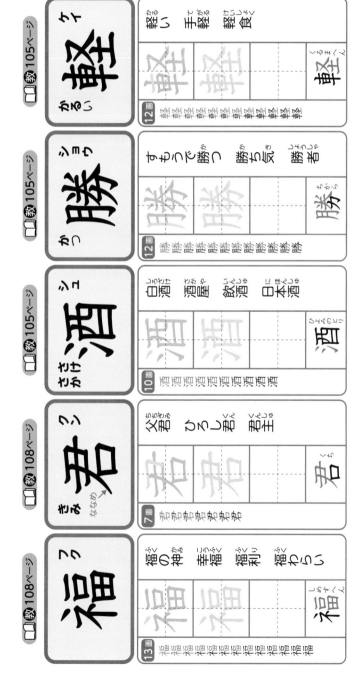

2 あてはまる漢字を書きましょう。

64点（一つ8）

① □（かる）い手ざわりのぬの。

② □□（てがる）に使えるカメラ。

③ □□（しょうしゃ）の名前をよぶ。

④ 父が□□□（にほんしゅ）を飲む。

⑤ 近所の□□（さかや）の主人。

⑥ ぼくと□（きみ）は友だちだ。

⑦ □□（こうふく）な気持ちになる。

⑧ □（ふく）の神のような人。

ヒント 2 ③「勝」の右下は「刀」ではなく「力」です。

きほんのドリル 49。

おにたのぼうし (2)

時間15分 合かく80点 /100

答え104ページ

月　日

書いておぼえよう！

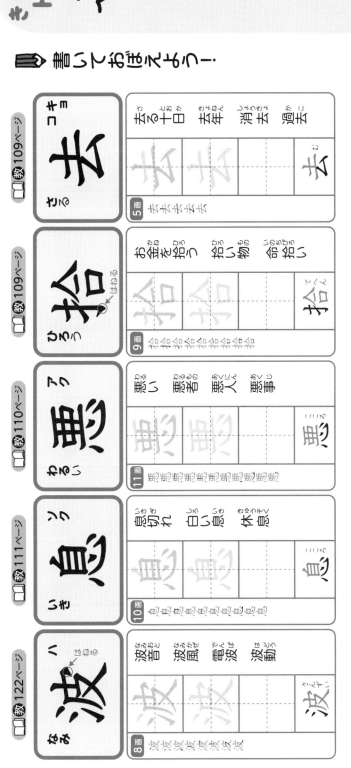

去（教109ページ） キョ コ さる　5画
去る十日（さるとおか）　去年（きょねん）　消去（しょうきょ）　過去（かこ）
部首：去（む）
去去去去去

拾（教109ページ） ひろう　はねる　9画
お金を拾う（おかねをひろう）　拾い物（ひろいもの）　命拾い（いのちびろい）
部首：扌（てへん）
拾拾拾拾拾拾拾拾拾

悪（教110ページ） アク わるい　11画
悪い（わるい）　悪者（わるもの）　悪人（あくにん）　悪事（あくじ）
部首：心（こころ）
悪悪悪悪悪悪悪悪悪悪悪

息（教111ページ） ソク いき　10画
息切れ（いきぎれ）　白い息（しろいいき）　休息（きゅうそく）
部首：心（こころ）
息息息息息息息息息息

波（教122ページ） ハ なみ　はねる　8画
波音（なみおと）　波風（なみかぜ）　電波（でんぱ）　波動（はどう）
部首：氵（さんずい）
波波波波波波波波

1 読みがなを書きましょう。 36点（一つ6）

① 去年（　　）の冬。

② 過（か）去（　　）の思い出。

③ さいふを拾（　　）う。

④ 悪（　　）い予感。

⑤ 白い息（　　）をはく。

⑥ 波音（　　）が聞こえる。

← うらのページにつづくよ！

❷ あてはまる漢字を書きましょう。

64点（一つ8）

① サーカスがこの町を□（さ）る。

② 落とした消しゴムを□（ひろ）う。

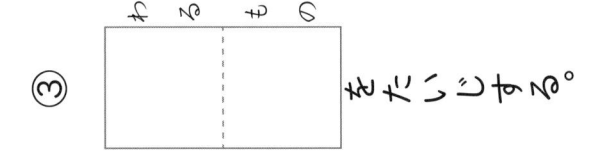

③ □□（わるもの）をたいじする。

④ □□（あくじ）が明るみに出る。

⑤ 冬には□（いき）が白くなる。

⑥ 十分に□□（きゅうそく）の時間をとる。

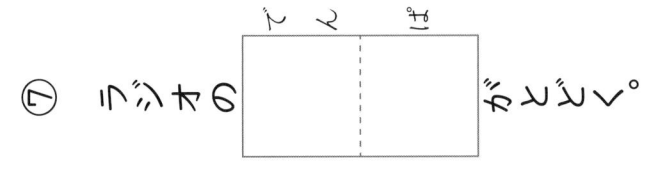

⑦ ラジオの□□（でんぱ）がとどく。

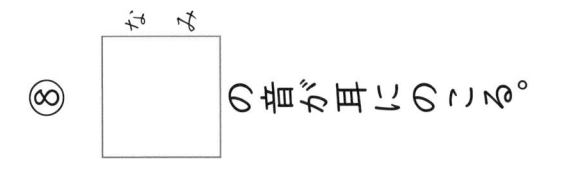

⑧ □（なみ）の音が耳にのこる。

ヒント ❷ ⑦⑧「波」の「皮」のたてぼうは上につき出しましょう。

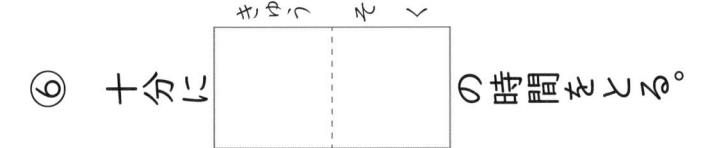

50。三年生で習った漢字と言葉

時間 20分　合かく80点　／100

答え 104ページ

月　日

1 かなで書くと同じでも、意味のちがいによって使う漢字がちがいます。□にあてはまる漢字を書きましょう。
18点（一つ2）

もの　① あわて□　② 食べ□

き　③ □立する　④ □待する

み　⑤ 木の□　⑥ □の回りの品。

もん　⑦ 注□する　⑧ 学□　⑨ 校□

2 れいにならって、――の部分と反対の言葉を、漢字を使って書きましょう。
24点（一つ4）

〈れい〉へやは明るい。⇨暗い

① つめたい手。⇨（　　）

② ごみをすてる。⇨（　　）

③ うれしい知らせ。⇨（　　）

④ ねだんが高い。⇨（　　）

⑤ あさい川。⇨（　　）

⑥ 門がしまる。⇨（　　）

うらのページにつづくよ！

3 いくつもの読みをもつ漢字があります。――の漢字の読みがなを書きましょう。

18点（一つ2）

①　重ねる（　　）

②　き重品（　　）

③　体重（　　）

④　駅に着く。（　　）

⑤　服を着る。（　　）

⑥　着地（　　）

⑦　全く（　　）

⑧　全て（　　）

⑨　全部（　　）

4 それぞれのグループは、同じ部分がぬけています。その部分をおぎなって、漢字をかんせいさせましょう。

40点（一つ5）

①	相	聿	由
③	主	喬	黄
⑤	易	永	羊
⑦	殳	寺	幺夂
②	寺	周	炎
④	及	冬	東
⑥	寺	丁	旨
⑧	相	自	音

答え

●まちがっていたら、かならずもう一度やり直しましょう。

1 漢字のふく習 1～2ページ

1 ①よ ②かぜ ③かお ④さかな ⑤あね ⑥ほし ⑦うま ⑧あ ⑨ことり

2 ①親友 ②汽車 ③門 ④公園 ⑤夏休 ⑥夜 ⑦秋 ⑧強い

3 ①がようし ②りか ③ちょくせん ④らいしゅう ⑤しんぶん ⑥と ⑦ちず ⑧な ⑨とうざいなんぼく

4 ①組 ②時間 ③国語 ④生活 ⑤水曜 ⑥肉 ⑦近道 ⑧買う

2 きほんのドリル 3～4ページ

1 ①ひら ②かえ ③へんじ ④こと ⑤どうぶつ ⑥ものがたり

2 ①開門 ②開 ③返 ④返事 ⑤物事 ⑥火事 ⑦動 ⑧作物

3 きほんのドリル 5～6ページ

1 ①の ②のぼ ③しゅじんこう ④はし ⑤かわぎし

2 ①乗車 ②登山 ③登校日 ④家主 ⑤主 ⑥今日 ⑦歩道橋 ⑧海岸

4 きほんのドリル 7～8ページ

1 ①はっけん ②よそう ③しら ④ちょうし ⑤ことば ⑥しよう

2 ①発明 ②発行 ③予 ④想 ⑤調 ⑥調子 ⑦葉 ⑧子葉

5 きほんのドリル 9～10ページ

1 ①あらわ ②ひょうし ③りゆう ④たいおん ⑤かんじ ⑥ようい

2 ①表 ②表 ③自由 ④由来 ⑤気温 ⑥温 ⑦漢字 ⑧意見

6 きほんのドリル 11～12ページ

1 ①いみ ②あじ ③きごう ④おも ⑤たいじゅう ⑥と

2 ①味 ②味見 ③番号 ④重 ⑤重 ⑥重力 ⑦問 ⑧問

7 まとめのドリル 13～14ページ

1 ①かさ・あたた ②しよう・しら ③じょうようしゃ・しゅっぱつ ④とざん ⑤どうぶつえん ⑥のぼ・たいちょう ⑦へんじ ⑧しゅじんこう ⑨かいがん

2 ①開く ②理由 ③温水 ④予想・葉 ⑤発表会 ⑥漢字・意味 ⑦橋 ⑧問・記号 ⑨乗る

8 きほんのドリル 15～16ページ

1 ①れんしゅう ②ね ③かん ④うんどう ⑤どうてん ⑥ころ

2 ①練習 ②練 ③習 ④学習 ⑤感想 ⑥運 ⑦転 ⑧転校

9 きほんのドリル 17～18ページ

1 ①あつ ②しゅうごう ③み ④しょうか ⑤き ⑥ば

2 ①集 ②集会 ③実力 ④実 ⑤消火 ⑥消 ⑦化 ⑧文化

10 きほんのドリル 19～20ページ

1 ①すいめん ②およ ③すいえい ④み ⑤まも ⑥だいいち

2 ①水面 ②泳 ③身近 ④身体 ⑤守 ⑥守 ⑦守 ⑧第一

11 きほんのドリル 21～22ページ

1 ①つぎ ②し ③よんじゅうど ④なが ⑤りゅうぼく ⑥けん

2 ①次回 ②次 ③生死 ④死守 ⑤温度 ⑥流 ⑦流行 ⑧研

12 きほんのドリル 23〜24ページ

1 ①きゅうめい ②じゅうびょう ③しょうわ ④わしょく ⑤としょかん ⑥やかた

2 ①研究 ②究 ③十秒 ④昭和 ⑤和 ⑥和 ⑦開館 ⑧館

13 まとめのドリル 25〜26ページ

1 ①しご ②み・じめん ③しょうか・けんきゅう ④なが ⑤かんどう ⑥さんじゅうびょう・およ ⑦やかた・しゅうごう ⑧もくじ ⑨はこ

2 ①温度 ②昭和 ③第一 ④身・守る ⑤水泳 ⑥次 ⑦運転・練習 ⑧図書館・感想文 ⑨実力

14 きほんのドリル 27〜28ページ

1 ①ぶんしょう ②ぜんたい ③まった ④だいめい ⑤かわ ⑥あいて

2 ①文章 ②全 ③全体 ④全 ⑤話題 ⑥皮 ⑦毛皮 ⑧手相

15 きほんのドリル 29〜30ページ

1 ①こうてい ②じんめい ③すみ ④しょくひん ⑤たい ⑥へいわ

2 ①庭 ②命 ③生命 ④木炭 ⑤品物 ⑥作品 ⑦平 ⑧平

16 きほんのドリル 31〜32ページ

1 ①ひとさら ②びょうどう ③か ④つ ⑤ちゃくち ⑥きゃく

2 ①絵皿 ②等 ③交代 ④代金 ⑤千代紙 ⑥着地 ⑦着 ⑧来客

17 きほんのドリル 33〜34ページ

1 ①ま ②きも ③どうぐ ④と ⑤たび ⑥りょこう

2 ①待 ②待 ③持 ④持 ⑤家具 ⑥先取 ⑦旅行 ⑧旅人

18 きほんのドリル 35〜36ページ

1 ①ようす ②かな ③ぶ ④や

19 夏休みのホームテスト 37〜38ページ

☆1 ①うんてん・の ②じゆう ③こざら・と ④おくじょう・さんじゅうびょう

☆2 ①返事・待 ②品物・持 ③皮・一部 ④集まる

☆3 ①たん・すみ ②めい・いのち ③てい・にわ ④かん・やかた

☆4 ①動く ②調べる ③守る ④等しい

☆5 ①題 ②旅 ③章 ④泳 ⑤消 ⑥習 ⑤流れる ⑥平たい

20 きほんのドリル 39〜40ページ

1 ①あそ ②ゆうぐ ③えき ④ま ⑤きょく

2 ①遊 ②遊園地 ③遊歩道 ④駅前 ⑤駅長 ⑥作曲家 ⑦曲 ⑧八百屋

21 きほんのドリル 41〜42ページ

1 ①しごと ②しゃしん ③うつ ④まなつ ⑤れい ⑥やす

2 ①仕 ②仕組 ③写 ④写真 ⑤真冬 ⑥真実 ⑦礼 ⑧安全

22 きほんのドリル 43〜44ページ

1 ①しょうひん ②てんいん ③ぜんいん ④く ⑤ちく ⑥もう

2 ①商店 ②商売 ③員 ④社員 ⑤区 ⑥地区 ⑦申 ⑧申

23 きほんのドリル 45〜46ページ

1 ①おく ②へんそう ③ばしょ ④いっちょう ⑤じゅうしょ ⑥す

2 ①送 ②発送 ③台所 ④所 ⑤三丁目 ⑥住人 ⑦住所 ⑧住

24 きほんのドリル 47〜48ページ

1 ①う ②の ③ま ④お ⑤あつ ⑥くら

2 ①打点 ②飲食 ③飲 ④負 ⑤負 ⑥暑 ⑦暑中 ⑧暗記

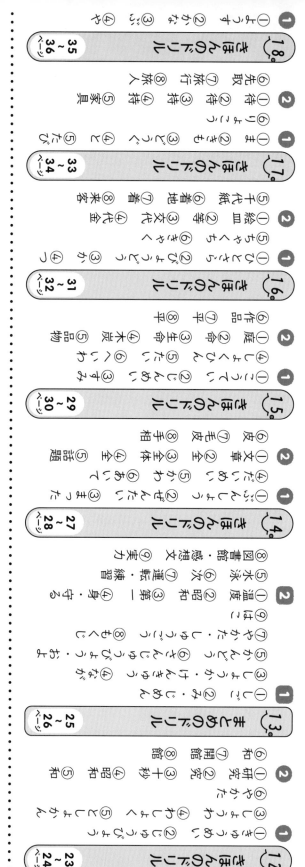

2 ①同様 ②王様 ③悲 ④悲鳴 ⑤今朝 ⑤おくじょう ⑥部分 ⑦屋上 ⑧本屋

25. きほんのドリル 49～50ページ

❶ ①ようふく ②そだ ③きょういく ④くる ⑤にが ⑥くすり

❷ ①明日 ②西洋 ③服用 ④教育 ⑤育 ⑥苦心 ⑦苦 ⑧薬品

26. まとめのドリル 51～52ページ

❶ ①さんちょうめ・ま ②はっそう ③れい・もう ④だてん ⑤あす ⑥ま・くら ⑦えきまえ・しょうてん ⑧ようふく ⑨くぎ

❷ ①飲む ②駅員・仕事 ③八百屋 ④育てる ⑤安全・遊ぶ ⑥暑中 ⑦苦い・薬 ⑧写真 ⑨住所

27. きほんのドリル 53～54ページ

❶ ①たす ②む ③しあわ ④へや ⑤お ⑥はや

❷ ①助手 ②方向 ③向 ④幸運 ⑤幸 ⑥部屋 ⑦終点 ⑧時速

28. きほんのドリル 55～56ページ

❶ ①もの ②がくしゃ ③さむ ④ちゅうおう ⑤たいよう ⑥ごおり

❷ ①学者 ②者 ③寒 ④寒風 ⑤中央 ⑥太陽 ⑦氷山 ⑧氷水

29. きほんのドリル 57～58ページ

❶ ①ゆうめい ②しょくぶつ ③しんりょく ④みどりいろ ⑤まつ ⑥ゆ

❷ ①有 ②植物 ③植 ④緑茶 ⑤祭日 ⑥祭 ⑦湯 ⑧湯

30. きほんのドリル 59～60ページ

❶ ①まめ ②しき ③せかいじゅう ④よ ⑤ちゅうい ⑥そそ

❷ ①豆 ②大豆 ③正式 ④世界一 ⑤世 ⑥外界 ⑦注目 ⑧注

31. きほんのドリル 61～62ページ

❶ ①すす ②しんこう ③おやゆび ④やくだ ⑤くうこう ⑥はこ

❷ ①進 ②進行 ③指名 ④指 ⑤役所 ⑥港町 ⑦出港 ⑧木箱

32. きほんのドリル 63～64ページ

❶ ①ふか ②びょうき ③びょういん ④きょうと ⑤つごう ⑥みやこ

❷ ①水深 ②深 ③病 ④入院 ⑤院長 ⑥都 ⑦都会 ⑧都合

33. まとめのドリル 65～66ページ

❶ ①おやゆび・お ②だしゃ ③こばこ・りょくちゃ ④ゆげ ⑤たいよう ⑥みなとまち・やくしょ ⑦すいしん ⑧せかい・ゆうめい ⑨すす

❷ ①病院 ②都会 ③注意 ④寒い・氷山 ⑤幸せ ⑥中央・祭り ⑦豆 ⑧式 ⑨助け・向かう

34. きほんのドリル 67～68ページ

❶ ①そ ②はんたい ③せいり ④ととの ⑤う ⑥がっきゅう

❷ ①反転 ②反 ③対話 ④整 ⑤整数 ⑥受 ⑦受 ⑧上級者

35. きほんのドリル 69～70ページ

❶ ①よこ ②どうわ ③かいだん ④はしら ⑤でんちゅう ⑥きゅうぎょう

❷ ①横 ②横顔 ③学童 ④相談 ⑤電柱 ⑥大黒柱 ⑦工業 ⑧作業

36. きほんのドリル 71～72ページ

❶ ①ごばい ②とうきゅう ③な ④たま ⑤しゅくだい ⑥べんきょう

❷ ①二倍 ②倍 ③投手 ④球 ⑤電球 ⑥宿屋 ⑦宿 ⑧勉学

37. きほんのドリル 73～74ページ

❶ ①ほうそう ②はな ③りょうて ④お ⑤お ⑥はな

❷ ①放 ②放 ③両方 ④追 ⑤追放 ⑥落 ⑦落葉 ⑧鼻声

38. きほんのドリル 75～76ページ

❶ ①お ②かみさま ③は ④しか

❷

⑤いしゃ　⑥さかみち

①起立　②神話　③神社　④歯科

⑤虫歯　⑥医学　⑦医者　⑧坂

39 きほんのドリル　77～78ページ

❶

①ち　②しゅっけつ　③たにん

④はくぎん　⑤あぶらえ　⑥せきゆ

❷

①鼻血　②出血　③他　④他国　⑤銀紙

⑥銀行　⑦油分　⑧油

40 きほんのドリル　79～80ページ

❶

①としょがかり　②とけい　③のうか

④みずうみ　⑤うつく　⑥し

❷

①係　②係　③時計　④農業　⑤農村

⑥湖面　⑦美化　⑧詩人

41 きほんのドリル　81～82ページ

❶

①みじか　②むかし　③ふで　④いそ

⑤きゅう　⑥ね

❷

①短気　②短　③昔話　④毛筆　⑤筆先

⑥急行　⑦急　⑧根気

42 冬休みのホームテスト　83～84ページ

★1

①ほか〔た〕・しかい

②ぎんいろ・かみさま

③はな・ち　④のうか

★2

①昔・湖　②坂道・追　③急・詩　④油

★3

①りょく・みどり　②たす・じょ

③みやこ・と　④ひっ・ふで

★4

①美しい　②深まる　③植える

④整える　⑤祭る　⑥幸せ

★5

①向　②起　③港　④業　⑤落　⑥放

43 きほんのドリル　85～86ページ

❶

①き　②たなばた　③つか

④いいんかい　⑤はじ　⑥ことし

❷

①決意　②決　③七夕　④使用　⑤委

⑥始　⑦始発　⑧今年

44 きほんのドリル　87～88ページ

❶

①てちょう　②れっしゃ　③きょく

④くちぶえ　⑤きてき　⑥きゅうちゅう

❷

①地図帳　②行列　③列車　④薬局

⑤汽笛　⑥横笛　⑦王宮　⑧宮

45 きほんのドリル　89～90ページ

❶

①よてい　②きんこ　③しまぐに

④はんとう　⑤すいろ　⑥にもつ

❷

①定　②定　③車庫　④島　⑤旅路

⑥道路　⑦重荷　⑧荷車

46 きほんのドリル　91～92ページ

❶

①けん　②いた　③こくばん　④にかい

⑤きゅうしゅう　⑥てつどう

❷

①県立　②板　③鉄板　④階　⑤九州

⑥本州　⑦鉄橋　⑧鉄

47 きほんのドリル　93～94ページ

❶

①さんがっき　②ひつじ　③ようもう

④かぞく　⑤しんぱい　⑥たはた

❷

①期間　②子羊〔小羊〕　③羊毛　④水族館

⑤配　⑥配送　⑦畑　⑧茶畑

48 きほんのドリル　95～96ページ

❶

①かる　②けいしょく　③か

④しろざけ　⑤くんしゅ　⑥ふく

❷

①軽　②手軽　③勝者　④日本酒

⑤酒屋　⑥君　⑦幸福　⑧福

49 きほんのドリル　97～98ページ

❶

①きょねん　②こ　③ひろ　④わる

⑤いき　⑥なみおと

❷

①去　②拾　③悪者　④悪事　⑤息

⑥休息　⑦電波　⑧波

50 学年まつのホームテスト　99～100ページ

★1

①者　②物　③起　④期　⑤実　⑥身

⑦文　⑧問　⑨門

★2

①温かい　②拾う　③悲しい　④安い

⑤深い　⑥開く

★3

①かさ　②ちょう　③じゅう

④つ　⑤き　⑥ちゃく

⑦まった　⑧すべ　⑨ぜん

★4

①箱・筆・笛　②詩・調・談

③柱・橋・横　④級・終・練

⑤湯・泳・洋　⑥持・打・指

⑦役・待・後　⑧想・息・意